S. Balamurugan

# Princípios da Internet de Todas as Coisas

S. Balamurugan

# Princípios da Internet de Todas as Coisas

## Aplicações e estudos de caso

ScienciaScripts

**Imprint**

Any brand names and product names mentioned in this book are subject to trademark, brand or patent protection and are trademarks or registered trademarks of their respective holders. The use of brand names, product names, common names, trade names, product descriptions etc. even without a particular marking in this work is in no way to be construed to mean that such names may be regarded as unrestricted in respect of trademark and brand protection legislation and could thus be used by anyone.

Cover image: Disponibilizado pelo autor

This book is a translation from the original published under ISBN 978-620-2-31410-7.

Publisher:
Sciencia Scripts
is a trademark of
Dodo Books Indian Ocean Ltd. and OmniScriptum S.R.L publishing group

120 High Road, East Finchley, London, N2 9ED, United Kingdom
Str. Armeneasca 28/1, office 1, Chisinau MD-2012, Republic of Moldova, Europe
Printed at: see last page
**ISBN: 978-620-7-86584-0**

# Princípios da Internet de Todas as Coisas :

## Aplicações e estudos de caso

**AUTOR**

Dr. S. Balamurugan

Diretor de Investigação e Desenvolvimento

Mindnotix Technologies

Coimbatore-641 012

Tamil Nadu,

Índia

**SOBRE O AUTOR**

O Dr. S. Balamurugan é Diretor de Investigação e Desenvolvimento da Mindnotix Technologies, Índia. Tem mais de **150 publicações** em várias revistas e conferências internacionais e é **autor ou coautor de 12 livros.** Atualmente, está a escrever mais três livros. Enquanto Diretor de Investigação e Desenvolvimento da Mindnotix, ele e a sua equipa ganharam o **prémio CSI Young IT Professional Award 2017 para a Região-7, atribuído pela Computer Society of India**, Coimbatore Chapter. Recebeu também o Prémio de **Melhor Investigador** da IARA, o **Certificado de Excecionalidade** da ASDF, **o Prémio de Jovem Cientista** e o Prémio de **Melhor Jovem Investigador**. Recebeu um **doutoramento** honorário pela sua contribuição significativa para a investigação e o desenvolvimento da sociedade e foi selecionado para o **prémio de melhor diretor de 2018**. Foi Secretário Adjunto da ITA durante a sua licenciatura em tecnologia no PSG College of Technology, na Índia. Liderou um projeto de consultoria na área da saúde para os Hospitais VGM entre 2013 e 2016, e os seus actuais projectos de investigação incluem **"capacitar as mulheres utilizando a IoT", "uma cadeira inteligente sensível à saúde", "simuladores cerebrais avançados para ajudar a medicina fisiológica", "conceção de novas pulseiras de saúde"** e "dispositivos baseados na IoT para ajudar os idosos". No âmbito das suas actividades profissionais, foi editor associado, membro do conselho editorial e/ou revisor em **mais de 100 revistas e conferências internacionais e em duas editoras. Foi** convidado para presidir a uma sessão em mais de 25 conferências e foi convidado como **convidado principal ou pessoa de recurso** por muitas faculdades filiadas na Universidade de Anna e na Universidade de Bharathiyar. A sua biografia está incluída no **"World Book of Researchers" 2018, Oxford, Reino Unido, e na edição de 2018 do "Marquis WHO'S WHO", Nova Jérsia, EUA.** Os seus interesses de investigação incluem a modelação de objectos, a realidade aumentada, a Internet das coisas, a análise de dados em massa, a computação FOG e a computação vestível. É membro vitalício da ACM, IEEE, ISTE e CSI. É autor de um capítulo num livro internacional **intitulado "Information Processing", publicado pela I.K. International Publishing House Pvt. Ltd, Nova Deli**, Índia, 978-81-906942-4-7. É autor de 4 livros intitulados **"Principles of Social Network Data Security",** ISBN: 978-3-659-61207-7, **"Principles of Scheduling in FOG Computing",** ISBN: 978-3-639-66950-3, **"Principles of Database Security",** ISBN: 978-3-639-76030-9, **"Principles of Security in FOG Computing",** ISBN: 978-3-639-51864-1.

## SOBRE O LIVRO

Este livro é um guia ideal para B.E., B.Tech. B.Tech., B.S., B.Sc, B.C.A., estudantes de licenciatura em ciências e engenharia informática, tecnologia da informação, engenharia eletrónica e de comunicações que desejem realizar projectos sobre a Internet das Coisas e as suas aplicações. Os estudantes que frequentam cursos de pós-graduação em ciências e engenharia, M.E., M.Tech., M.S., M.Sc., M.C.A., considerarão este livro útil para os seus projectos. Os investigadores que trabalham no domínio da computação de nevoeiro e da Internet das coisas considerarão este livro um guia de referência prático para os seus trabalhos de investigação (M.Phil., Ph.D., D.Sc.) e outras investigações de pós-doutoramento. Os engenheiros de software que trabalham no sector das tecnologias da informação e dos serviços informáticos, em particular na área da Internet das Coisas e suas aplicações, encontrarão neste livro um recurso útil. Em conclusão, creio que o leitor encontrará neste livro um guia muito útil e uma valiosa fonte de informação sobre a Internet das Coisas e as suas aplicações.

**Dr. S. Balamurugan**

# AGRADECIMENTOS

O autor está sempre grato a Deus pela sua perseverança.

Balamurugan gostaria de agradecer ao seu pai, Sr. M. Shanmugam, e à sua mãe, Sra. S. Sarojini, e aos membros da família pelo seu apoio. Gostaria de agradecer à sua esposa e melhor amiga, Sra. S. Charanyaa, por lhe ter dado uma nova esperança e por ser o pilar de apoio em todos os seus esforços. Os seus agradecimentos vão para a sua mulher por o ter acompanhado ao longo da sua vida, nos altos e baixos, nos bons e maus momentos, e agora também durante a viagem que o levou a escrever este livro. Gostaria também de agradecer às suas irmãs

Agradece também ao seu sogro, K.S. Subramaniam, e à sua sogra, S. Varalakshmi, pelo seu apoio. Gostaria também de agradecer ao seu sogro, o Sr. K.S. Subramaniam, e à sua sogra, a Sra. S. Varalakshmi, pelo seu apoio. Gostaria de agradecer especialmente ao seu cunhado, Sr. S. Vivek, e à sua família, que o encorajaram constantemente a ter sucesso.

Balamurugan gostaria de agradecer ao seu melhor amigo, o Sr. S.Sathish Kumar, fundador e diretor executivo da Mindnotix Technologies, Coimbatore, Índia, pelo seu apoio moral incondicional, pelos seus conselhos inestimáveis e pela disponibilização de instalações e bancos de ensaio em tempo real para observar os aspectos práticos da modelação de objcctos. Gostaria também de agradecer à equipa de gestão da Mindnotix Technologies, Coimbatore, Índia, pelo seu apoio.

Balamurugan gostaria de agradecer à sua esposa e melhor amiga, Sra. S. Charanyaa, e ao seu filho, Mestre B. Surya, que ele considera a melhor parte da sua vida, pela sua paciência quando estava ocupado com o seu trabalho literário.

# ÍNDICE DE CONTEÚDOS


Capítulo 1     9

Capítulo 2     22

Capítulo 3     47

Capítulo 4     64

Capítulo 5     78

Capítulo 6     94

# DEDICADOR

Este livro é dedicado a todos os estudantes de todo o mundo que
desejam iniciar uma
investigação em loT. Quando este livro for impresso,
que comece a vossa descoberta. Desejo-vos muito sucesso!

# CAPÍTULO 1
## A INTERNET NOS CUIDADOS DE SAÚDE

Este capítulo analisa o papel da Internet das Coisas (IoT) na atenuação dos desafios enfrentados no sector da saúde. Os principais problemas encontrados pelos autores no caso dos sistemas de saúde são a interoperabilidade e a segurança. Todos os dados de saúde são considerados dados pessoais privados e devem ser seguros. A confidencialidade, a integridade e a autoridade devem ser preservadas no caso dos dados médicos. As questões de interoperabilidade da IdC ainda não são vistas como um problema para o desenvolvimento de um sistema de transferência de dados que ligue os prestadores de cuidados de saúde aos doentes. Algumas propostas de middleware utilizam arquitecturas orientadas para os serviços (SOA) em redes integradas. O middleware necessita de normas para melhorar a interoperabilidade entre dispositivos, em especial no caso dos dispositivos de cuidados de saúde. Existe também um modelo de saúde omnipresente. Neste modelo, os dados médicos individuais são medidos por um dispositivo de saúde pessoal omnipresente (UHD) e a informação é enviada para o serviço de saúde que fornecerá feedback aos médicos especialistas e aos doentes.

O resto do capítulo está organizado da seguinte forma: a secção 2 descreve um sistema de gestão de dados de saúde 3D baseado na computação em nuvem. A secção 3 apresenta uma panorâmica geral do sistema móvel de recomendação de informações de saúde em redes de sensores sem fios. A secção 4 apresenta uma panorâmica pormenorizada dos tratamentos médicos baseados em registos de saúde pessoais na nuvem. A secção 5 descreve o tratamento médico baseado em HDFS na nuvem. A secção 6 descreve a previsão de choques na saúde na nuvem. A secção 7 aborda a encriptação de registos de saúde pessoais na nuvem. A secção 8 conclui o capítulo, delineando futuras direcções de investigação.

## i. GESTÃO DE DADOS DE SAÚDE 3D BASEADA NA COMPUTAÇÃO EM NUVEM

ArcangeloCasHglione, RaffacloPizzolante, Alfredo De Santis, Bruno Carpentative, Aniello Castiglione, Francesco Palmeri (2016) [1], no seu capítulo sobre Computação adaptativa baseada na nuvem e serviço de gestão segura para dados de cuidados de saúde 3D, descreve que a imagiologia médica 3DM desempenha um papel vital na gestão dos cuidados de saúde. O processamento deste tipo de imagem de baixa configuração exige protocolos de rede complexos e técnicas de segurança avançadas para a compressão. Uma imagem médica 3D deve ser completamente transparente para o utilizador final e não depender dos computadores ou da rede que este utiliza.

Isto pode ser garantido fornecendo duas entidades

1) Um motor que produz imagens 3D dinâmicas, sem perdas e adaptáveis, e que também pode incorporar marcas de água de segurança.

2) Arquitecturas de sistemas SaaS baseados na nuvem.

A arquitetura combinada pode oferecer ao utilizador final um sistema transparente, interativo e sem perdas. Para a compressão, pode ser utilizada a técnica do bit menos significativo relacionada com a marca de água digital. A ideia é esconder a cadeia da marca de água nos pixéis incorporados utilizando o bit menos significativo (LSB). Uma vez gerado o subconjunto capaz de esconder os bits da marca de água, podemos processar os pixéis da imagem em conjunto. A segurança entre transacções de imagens é garantida pelas propriedades de segurança da criptografia de chave pública, troca de chaves e criptografia de chave privada. Para facilitar a comunicação, a utilização de HTTP (ubíquo), em particular SOAP sobre HTTP, abre caminho à participação ativa de telemóveis e outros dispositivos, embora o espaço de memória necessário para a compressão seja quase igual. Por último, o sistema proposto pode ser utilizado para gerir outros tipos de dados biomédicos e genómicos. O sistema pode basear-se num transporte totalmente público, uma vez que a integridade e a segurança são garantidas pela cifragem entre as partes envolvidas, tanto na camada de armazenamento como na camada de comunicação.

## ii. INFORMAÇÃO MÓVEL SOBRE SAÚDE BASEADA NUM SISTEMA DE RECOMENDAÇÃO DE COMPUTAÇÃO EM NUVEM PARA SENSORES SEM FIOS

### REDES

Shu-Lin Wang, Young Long chen, Alex Mu-HsingKuo, Hung Ming Chen, YishiangShiu (2016) [2], no seu capítulo sobre a conceção e a aplicação de um sistema móvel de recomendação de informações de saúde baseado na nuvem em redes de sensores sem fios, discutiram as capacidades da Web móvel. Uma Web móvel para informações de saúde personalizadas pode ser desenvolvida através de um ambiente de computação em nuvem, tecnologia de comunicação móvel, tecnologia de recompensa contextual e redes de sensores sem fios [3]-[6]. Este sistema inclui dois serviços de recomendação:

1) Um sistema de recomendação colaborativo

2) Um sistema de recomendação baseado em indicadores fisiológicos.

Para proteger a trajetória de objectos em movimento, pode ser desenvolvido um modelo híbrido combinando a teoria de Grey e a cadeia de Markov. Isto aumentará o tempo de vida da cadeia de Markov e reduzirá o custo do rastreio de erros. O sistema é instalado no VMware Workstation para melhorar a eficiência da recuperação de informações. A base de dados utilizada é o MySQL, sendo o Javascript, o CSS, o PHP e o jQuery as principais linguagens de programação.

O sistema de recomendação colaborativa utiliza o algoritmo FRSA (Fusion of Rough set and Average Category rating) para calcular e recomendar informações de saúde aos respectivos utilizadores. Por outro lado, os indicadores fisiológicos medem a tensão arterial, o peso, etc. e transmitem o sinal para a base de dados na nuvem através de uma rede de sensores sem fios. Para melhorar a previsão dos nós sensores, é utilizado o esquema Fuemmeler. Este permite uma previsão mais exacta da posição dos alvos que aparecem em cada nó sensor. Seguindo estas técnicas, pode ser desenvolvida uma aplicação Web para ajudar os utilizadores a obter informações detalhadas sobre a sua saúde no momento certo.

iii. TRATAMENTOS MÉDICOS EFECTUADOS COM BASE NO
PHRS
NA NUVEM

Dhivya.P,Roobini.S.Sindhiya.A (2015)[7], no seu capítulo

"Systems Based Treatment Based On Personal Health Record Using Cloud Computing", postulou que a arquitetura da nuvem pode ser utilizada para armazenar as recompensas de saúde do paciente e fornecer instruções adequadas com base nos registos. A informação é armazenada numa base de dados utilizando um método de reencriptação proxy. A computação em nuvem permite que as empresas, os estudantes, as instituições profissionais, etc., armazenem informações em linha. O sistema existente descrito pelo autor é capaz de o fazer. Mas as desvantagens são que a cifragem geral dos dados é confidencial, mas restringe certas características do sistema de armazenamento. A robustez dos dados é essencial, mas na ausência de uma autoridade central, um sistema de armazenamento seguro que suporte múltiplas funções é um desafio: armazenar informações sobre doentes num sistema de terceiros levanta sérias preocupações quanto à confidencialidade dos dados. Para garantir a confidencialidade, um utilizador pode encriptar a mensagem antes de aplicar um código de apagamento para codificar e armazenar a mensagem. A encriptação baseada em atributos pode ser efectuada para garantir o acesso do utilizador aos visualizadores. O armazenamento em nuvem contém apenas os dados encriptados dos proprietários dos dados. É enviada uma chave para os dispositivos privados do utilizador e cada dado só pode ser desencriptado quando essa chave específica é utilizada. Uma chave só é válida uma vez. Da próxima vez, será gerada uma nova chave. Para uma nova encriptação, o utilizador deve também fornecer uma chave fornecida pelo sistema. Ao utilizar esta técnica, podemos garantir aos doentes informações fiáveis sobre a sua saúde graças ao armazenamento na nuvem.

## iv. TRATAMENTOS MÉDICOS BASEADOS EM HDFS NA NUVEM

Chao-Tung Yang, Wen-Chung shih, Lung-TengChen, Cheng-Tai Kuo, Fuu-Cheng Jaing, Fang-Yie Lau (2015) [2] no seu capítulo Este capítulo discute o acesso a ficheiros de imagens médicas com a co-atribuição de HDFS na nuvem e identifica um problema no âmbito da Organização Mundial de Saúde (OMS) relativo à privacidade dos doentes quando armazenam e partilham registos médicos no hospital. Este capítulo apresenta o Sistema de Accsso a Ficheiros de Imagens Médicas (MIFAS) que é executado na plataforma Hadoop para resolver o problema da troca, armazenamento e partilha de imagens médicas. Inclui também um mecanismo de co-atribuição para inspecionar imagens médicas na nuvem. A arquitetura de partilha de locais é eficiente para o descarregamento paralelo de nós de dados. Funciona especificando os caracteres de dados pretendidos e transmitindo a descrição dos atributos a um corretor. O corretor procura então os recursos disponíveis e obtém a localização do serviço de informação. Neste capítulo, os autores propuseram oito esquemas de co-atribuição: força bruta, histórico, equilíbrio de carga conservador, equilíbrio de carga agressivo, mecanismo de ajustamento recursivo, co-atribuição dinâmica com atribuição duplicada, estratégia de ajustamento dinâmico e mecanismo de ajustamento recursivo antecipado. O sistema MIFAS inclui três clusters HDFS: THU1, THU2, alojados na Universidade de Tunghai, e o terceiro cluster, alojado no Chung Shan Medical University Hospital (CSMU). Estão ligados com uma largura de banda de 100 Mbps no ambiente TANET (Taiwan Academic Network). Pode ser utilizado um mecanismo de middleware para gerir os problemas de transmissão. Estas técnicas permitem um acesso mais eficaz aos ficheiros de imagens médicas do que o sistema PACS.

### v. PREVISÃO DE CHOQUES NA SAÚDE UTILIZANDO A COMPUTAÇÃO EM NUVEM

ShahidMahmud, RahatIqhal, Faiyaz (2016) [5], no seu capítulo Cloud Enabled Data Analytics And Visualization Framework For Health-Shocks Prediction, afirmaram que os choques na saúde de um indivíduo, da sua família e da sociedade podem ocorrer devido a uma doença grave no historial familiar. O objetivo é revelar a relação entre as condições socioeconómicas, demográficas e geográficas e o seu impacto na saúde. Para estudar os choques na saúde numa determinada região, os autores realizaram um estudo de utilizadores para obter um conjunto de dados de 1 000 agregados familiares. Foram distribuídos questionários aos indivíduos, divididos em 12 secções, a fim de obter dados geográficos, demográficos e socioeconómicos. Para o efeito, será desenvolvido um sistema baseado na nuvem e na Amazon Web Service (AWS) sincronizado com o Sistema de Informação Geográfica (SIG) para capturar, indexar, armazenar e visualizar os dados através de dispositivos inteligentes. Para a previsão, podem ser utilizados sistemas de lógica difusa devido à sua capacidade de gerir e manipular a incerteza, a imprecisão, a complexidade e a incompletude da informação. São flexíveis e transparentes e oferecem uma metodologia para a modelação e classificação preditivas através do raciocínio aproximado de informações incertas. Será útil para os profissionais de saúde realizarem inquéritos com menos esforço humano e recursos financeiros. Ajudará também o governo a desenvolver políticas e reformas no domínio da saúde [9]-[12].

K. Ashokkumar, Baronsam, R. Arshadprabhu, Britto (2015) [8], no seu capítulo sobre o sistema de transporte inteligente baseado na nuvem, centra-se na resolução de desafios em matéria de transportes. Os autores usaram uma plataforma de dados veiculares baseada em nuvem multicamadas por computação em nuvem e tecnologias IoT para lidar com tráfego pesado, segurança veicular e congestionamento. A Vehicular AdhocNETwork (VANET) é utilizada para comunicar entre dois veículos diferentes e as suas aplicações visam melhorar a segurança dos condutores e a monitorização do tráfego, o alerta de emergência e a assistência na estrada. Utilizando vários dispositivos, como sensores, actuadores, dispositivos GPS, telemóveis, controladores, tecnologias de rede, computação em nuvem, IoT, middleware e plataformas que suportam mecanismos de comunicação V2V e V2I, a informação pode ser transferida entre condutores. Os pacotes de trabalho incluem a Nuvem de Estacionamento Inteligente e o Serviço de Nuvem de Extração de Dados Veiculares. O serviço Nuvem de Estacionamento Inteligente fornece informações sobre os lugares de estacionamento e se o espaço está ocupado ou vago. A IoT permite integrar vários dispositivos no interior do veículo e na estrutura rodoviária. Assim, a IoT e a computação em nuvem estão a abrir enormes oportunidades para a inovação tecnológica.

### vi. CIFRAGEM DE PHRs NA NUVEM

Jianghua Liu, Xinyi Herang E Joseph X Liu (2015) [4] no seu capítulo sobre "Cloud Computing-Secure Sharing Of Personal Health

Records By CP-ABSC (Cipher Text-Policy Attribute -Based Signcryption)" (Computação em nuvem - Partilha segura de registos de saúde pessoais por CP-ABSC (Cipher Text-Policy Attribute - Based Signcryption)) abordaram duas questões sobre a preservação de E- PHRs (Electronic-Personal Healthcare Records), nomeadamente

1) Um inimigo pode aceder ao registo médico pessoal que está armazenado na nuvem, os dados são transmitidos através da Internet e 2) Uma pessoa desconhecida pode modificar o registo médico pessoal antes de a pessoa autorizada o ler.

O autor propôs as seguintes soluções: Os PHRs são partilhados de forma segura usando textos viper, uma política de encriptação baseada em atributos. Neste capítulo, um controlo de acesso já existente é assegurado usando CP-ABSC que pode proteger o PHR e o controlo de acesso é limitado ao utilizador autorizado que pode ler e apenas ou modificar o PHR já existente.

Assad Abhas, Kashif Bilal, Liminzhang, Samea U-Khan (2016) [3]no seu capítulo "Cloud Based Health Insurance Plan Recommendation System" (Sistema de Recomendação de Planos de Seguro de Saúde Baseado na Nuvem) afirma que, atualmente, a utilização das tecnologias da informação e da comunicação provocou um rápido crescimento do volume de dados digitais através da

Internet. A organização e a gestão de dados de várias fontes, que são enormes por natureza, baseiam-se no conceito de "Bigdata", que contém um enorme volume de dados, com a computação em nuvem a assegurar a qualidade do serviço através da Internet. Os autores centram-se na informação que foi fornecida aos investigadores. Os registos médicos electrónicos têm utilizado algumas ferramentas inovadoras de bigdata para obter resultados muito eficazes [13]-[15].

## vii. CONCLUSÃO

Este capítulo explora o papel da Internet das Coisas (IoT) na mitigação dos desafios enfrentados nos cuidados de saúde. Os principais problemas encontrados pelos autores no caso dos sistemas de saúde são a interoperabilidade e a segurança. Todos os dados de saúde são considerados dados pessoais privados e devem ser seguros. A confidencialidade, a integridade e a autoridade devem ser preservadas no caso dos dados médicos. As questões de interoperabilidade da IdC ainda não são vistas como um problema para o desenvolvimento de um sistema de transferência de dados que ligue os prestadores de cuidados de saúde aos doentes. Algumas propostas de middleware utilizam arquitecturas orientadas para os serviços (SOA) em redes integradas. O middleware necessita de normas para melhorar a interoperabilidade entre dispositivos, especialmente no caso dos dispositivos de cuidados de saúde. Descrevemos como a Internet das Coisas pode ser o principal facilitador das aplicações distribuídas de cuidados de saúde. Este capítulo deverá promover muita investigação no domínio da aplicação da Internet das Coisas aos cuidados de saúde.

# CAPÍTULO 2 IOT NA AGRICULTURA

A computação em nuvem tem cinco valores, como o custo inicial reduzido, a atribuição ilimitada de recursos, a manutenção e as actualizações realizadas a montante e sem colaboração com outros sistemas na nuvem e a possibilidade de desenvolver serviços globais. A computação em nuvem é uma ferramenta que disponibiliza serviços relacionados com as TI de uma forma simples e esconde as dificuldades associadas aos serviços. O utilizador não precisa de saber quem está a fornecer os serviços. Reduz o custo de utilização destes serviços e oferece manutenção. Fornece serviços ao utilizador em qualquer altura e em qualquer lugar. A agricultura na nuvem é uma nuvem especial que consiste na arquitetura MAD da nuvem. O principal objetivo do nosso trabalho é definir o potencial da terra de forma explícita e dinâmica para condições de solo e climáticas únicas e em constante mudança. A aplicação baseada na nuvem ajuda os agricultores a aumentar os seus rendimentos agrícolas. Este trabalho também facilitará uma integração e divulgação mais rápidas e abrangentes dos conhecimentos locais e científicos. Esta aplicação fornece um serviço de alta qualidade e dados eficientes ao utilizador, onde quer que ele esteja e sempre que precisar. Oferece uma vasta área de cobertura. O âmbito deste capítulo diz respeito à caraterização e análise de dados agrícolas com condições climáticas e de solo variáveis.

A nuvem oferece vários serviços aos agricultores que podem interagir com a nuvem utilizando meios menos dispendiosos, como sensores, dispositivos móveis, scanners, etc. A aplicação de investigação baseia-se inteiramente na arquitetura MAD-cloud, com dados armazenados de acordo com as coordenadas e os requisitos físicos e químicos da cultura. Os dados são armazenados de forma metodológica e são actualizados pelo administrador e os dados são recolhidos por sensores, GPS. Os dados definem também a textura do solo, a humidade, a velocidade do vento e a precipitação. O utilizador pode obter informações sobre as culturas em causa, necessárias para aumentar a produção. O utilizador pode selecionar a localização das coordenadas e definir dados pessoais, como o nome, a localização, etc. Também descreve as doenças das culturas e os métodos de cura. A nuvem fornece meios objectivos, como a qualidade, a fiabilidade e a segurança exigidas. A utilização da nuvem na agricultura ajuda os agricultores e é também utilizada para aumentar o nosso nível económico.

O resto do capítulo está organizado da seguinte forma: a secção 2 descreve a agricultura inteligente com recurso à IdC. A secção 3 apresenta uma panorâmica geral da IdC e da agricultura. A secção 4 apresenta uma panorâmica pormenorizada da aplicação do sistema IoT para a agricultura avançada na Índia. A secção 5 descreve a aplicação da computação em nuvem ao sistema de informação agrícola. O papel dos sensores na agricultura de precisão é descrito na secção 6. A secção 7 trata da base de dados virtualizada de informações agrícolas. A secção 8 trata do papel dos grandes dados na alimentação e na agricultura. A secção 9 conclui o capítulo indicando futuras direcções de investigação.

viii. aplicação DA agricultura inteligente

Isabella M. Carbonell afirma que o futuro da agricultura está a ser previsto por muitas empresas agro-alimentares, como a Monsanto e a John Deere, que estão a investir fortemente em big data. Estas empresas têm a capacidade de produzir um extraordinário modelo de negócio preditivo para os vários sectores da agricultura. O bigdata acumulado a partir de numerosas fontes não é apenas utilizado para interpretar acontecimentos posteriores, mas também para prever acontecimentos futuros, a fim de resolver um problema. O autor fala da recolha de dados não filtrados que permite prever necessidades futuras a partir de necessidades futuras. A Bigdata foi comercializada porque uma grande parte dos recursos de dados provém da agricultura industrial, oficialmente designada por "agricultura baseada em dados" ou "agricultura inteligente".

Eis alguns exemplos de projectos de investigação sobre Bigdata

- Um conhecimento profundo da informação.
- Dá a ligação e a autoridade ao povo.

- As decisões podem ser tomadas com base em provas.
- Oferece soluções completas para problemas difíceis.
- Todas as agências unificadas que concedem subvenções devem disponibilizar os dados, e a possibilidade de aceder aos dados pode contribuir para a elaboração de políticas informadas.
- A segurança dos dados para a investigação nas explorações agrícolas terá de ser abordada.

O autor explicou a técnica da Monsanto, que utiliza sensores sem fios colocados em tractores modernos para monitorizar cada veredito dos agricultores. Diz ao agricultor quando deve plantar e regar as culturas, quanto e quando deve pulverizar pesticidas e insecticidas, prevê o dia da colheita e descreve também as alterações microclimáticas. A Monasanto fornece aos agricultores uma enorme quantidade de dados diretamente através de uma ligação WiFi, de sensores e da sua nova aplicação de análise de dados denominada "Climate field view pro". Este procedimento de recolha de dados sem fios é regulado por um "acordo de utilização de tecnologia" que os agricultores têm de assinar.

Os grandes dados, que funcionam como uma ferramenta para fornecer procedimentos ocultos, requerem tecnologias de grande escala, um funcionamento eficiente e competências que são demasiado difíceis de dominar por um agricultor individual. Para evitar estas dificuldades, são construídas hierarquias em torno da investigação. As grandes empresas agro-alimentares controlam apenas as pessoas que têm acesso aos dados, mas não as outras. Mesmo que as pequenas explorações agrícolas utilizem métodos agrícolas como a sementeira direta e a irrigação gota a gota para produzir mais do que as explorações agrícolas, uma exploração industrializada é considerada um grande sucesso e uma garantia de eficiência. Os satélites fornecem "meteorologia ao nível do campo", que mostra a temperatura atual, o clima e a humidade do solo ao nível do campo, ajudando-nos a determinar o dia da plantação ou da colheita com base nos dados meteorológicos dos últimos 30 anos.

No domínio da agricultura de precisão, existe uma enorme quantidade de informação disponível e são agora necessários novos avanços no desenvolvimento. Por conseguinte, está a ser realizado um estudo sobre bigdata para encontrar ideias sobre a forma de analisar grandes quantidades de dados. Este estudo está a ser realizado com imagens de tomografia computorizada, que apresentam um ambiente de bigdata para a análise de solos agrícolas. Está organizado em três camadas: fonte, ambiente e aplicações. [nd]Na camada 2 , o framework Hadoop é utilizado para processar imagens de tomografia computadorizada e discutir estruturas 3D. Outra aplicação da estrutura é o estudo estatístico de amostras de solo. O ambiente Bigdata é utilizado como um sistema de análise de solos para compreender os problemas das terras agrícolas.

Os megadados são de grande importância para o agronegócio, pois oferecem um futuro modelo de negócios imprevisível para a agricultura. Isto conduzirá a grandes mudanças nos sectores agro-alimentares públicos e privados. Os megadados obtidos a partir de uma variedade de fontes são recolhidos não só para aprender sobre acontecimentos passados, mas também para prever necessidades futuras. Angwin fala de "dragnets" ou recolha de dados não filtrados, o que significa "cada vez mais orientada para o futuro e preocupada com o poder preditivo da informação que recolhe". Apesar dos muitos problemas da agricultura baseada em dados, esta não é negativa e pode ser utilizada eficazmente pelos agricultores. Existem alguns exemplos que utilizam a tecnologia e as ideias dos agricultores para aceder livremente a ferramentas analíticas com dados armazenados, como o "ISOBlue", um projeto de código aberto. Outros exemplos são "FarmLogs" e "Open Age Data Alliance". Os dados abertos são também fornecidos por pequenos grupos, como a iniciativa "Global Open Data for Agriculture and Nutrition" (GODAN). Estas tecnologias de fonte aberta fornecerão aos agricultores dados disponíveis para as suas necessidades futuras. Estas ferramentas de dados destinam-se também aos pequenos agricultores não industriais, o software de fácil utilização e a investigação financiada por fundos públicos poderão abrir caminho a uma utilização criativa da Bigdata nas pequenas explorações agrícolas.



ix. INTERNET DAS COISAS E COMPUTAÇÃO EM NUVEM

A IoT é uma tecnologia revolucionária que representa o futuro da computação e da comunicação. Trata-se de uma rede de objectos e de uma rede sem fios auto-configurável. O ressurgimento da recessão mundial afectou as economias desenvolvidas e em desenvolvimento. O sector agrícola terá de ser muito mais eficiente para garantir a segurança alimentar mundial. Depois da WWW (world wide web) e da Internet móvel, esta é potencialmente a fase mais "disruptiva" da revolução da Internet. A Internet das coisas, também conhecida como computação omnipresente. As aplicações IOT abrangem uma variedade de domínios, incluindo a agricultura, os cuidados de saúde, o comércio retalhista, os transportes, o ambiente, a gestão da cadeia de abastecimento, a monitorização de infra-estruturas e outros. As aplicações agrícolas incluem a monitorização do solo e das plantas, a monitorização do ambiente das estufas e a monitorização do sistema de controlo da cadeia de abastecimento alimentar. A ligação em rede dos objectos deve ser rentável e útil para os utilizadores finais para que a IOT seja amplamente aceite e adoptada. A IOT é uma rede global de dispositivos de comunicação. Integra a computação ubíqua e a inteligência ambiente. A IOT é uma visão em que as coisas, especialmente os objectos do quotidiano, como todos os electrodomésticos, mobiliário, vestuário, veículos, estradas e materiais inteligentes, são adquiridos através da Internet. Isto constituirá a base para muitas novas aplicações, como a monitorização da energia e os sistemas de segurança dos transportes. A IOT ligará os objectos do mundo de uma forma sensorial e inteligente, combinando desenvolvimentos tecnológicos como os sensores sem fios e as redes de sensores, os sistemas incorporados e as nanotecnologias. As seguintes tecnologias contribuem diretamente para o desenvolvimento da IOT: interface máquina-máquina, protocolos de comunicação eletrónica, tecnologias de captação de energia, sensores, actuadores, GPS, software. As seguintes tecnologias podem trazer valor acrescentado à IOT: etiquetagem/localização, bio-medição, visão artificial, robótica, telepresença, autonomia ajustável, gravadores de vida, caixas negras pessoais, tecnologias limpas.

A plataforma de crowdsourcing acessível, económica e interactiva para a agricultura sustentável partilharia informações como ferramentas, técnicas, métodos agrícolas sustentáveis, etc. Aborda a segurança alimentar, a segurança da água, a solução deve fornecer problemas, os serviços de microfinanciamento para os agricultores devem também fornecer um repositório centralizado para uma variedade de informações, como técnicas agrícolas sustentáveis. Os serviços de microfinanciamento para os agricultores devem também fornecer um repositório centralizado para uma variedade de informações, tais como técnicas agrícolas tradicionais sustentáveis, doenças das culturas, etc. As características do sector agrícola, tais como a diversidade, a complexidade e a variabilidade espácio-temporal, determinam o desenvolvimento dos tipos de produtos e dispositivos adequados. As dimensões das explorações agrícolas variam de pequenas a grandes, pelo que as soluções têm de ser escaláveis. A IOT é uma revolução tecnológica que representa o futuro da computação e das comunicações, e o seu desenvolvimento depende da inovação, desde os sensores sem fios às nanotecnologias. O primeiro passo é ligar os objectos e dispositivos do quotidiano a grandes bases de dados e redes; só então os dados sobre os objectos podem ser recolhidos e processados. A nanotecnologia significa que objectos cada vez mais pequenos terão a capacidade de interagir e de se ligar. Estes desenvolvimentos criarão uma IOT que liga os objectos do mundo de uma forma simultaneamente sensorial e inteligente. A informação digital ou os dados de produtos agrícolas no mundo real podem ser processados virtualmente. Por exemplo, temperatura, humidade, pressão, gases, concentração e sinais vitais. A principal tarefa do IOT é recolher todas as informações do mundo real utilizando técnicas de deteção e depois transformá-las em informações digitais. A principal tarefa da IOT é analisar e processar a informação recolhida, a fim de cultivar a consciência digital no mundo real. Trata-se de uma combinação de IOT e de inteligência agrícola. A IOT agrícola anulará completamente as afirmações tradicionais de que o mundo físico está separado. Na IOT agrícola, os terrenos agrícolas, as máquinas agrícolas e os produtos agrícolas frescos são integrados com chips e uma rede de banda larga.

As vantagens da aplicação da IoT à agricultura são as seguintes

- Melhorar a eficiência da utilização dos factores de produção (solo, água, fertilizantes, pesticidas, etc.)
  - Custos de produção mais baixos.

  - Aumento dos lucros.
  - Durabilidade.
  - Segurança alimentar.
  - Proteção do ambiente.
- Graças à IOT, os agricultores poderão entregar as suas colheitas diretamente aos consumidores, não apenas numa pequena área, como no caso da comercialização direta ou das lojas, mas também numa área mais vasta.

x. APLICAÇÕES DE SISTEMAS BASEADOS EM TI

Em 2015, o primeiro-ministro Narendra Modi lançou a ideia da "Índia Digital", baseada principalmente no desenvolvimento da IOT e de novas indústrias estratégicas. Este projeto baseia-se principalmente no desenvolvimento da IOT e de novas indústrias estratégicas. A Índia é um país essencialmente agrícola. As redes de sensores baseadas em IOT serão úteis para o desenvolvimento da agricultura no futuro. Os sensores são instalados em redes eléctricas, caminhos-de-ferro, pontes, túneis, estradas, edifícios, barragens, oleodutos e gasodutos, etc., e estão ligados à Internet, permitindo a execução de programas e a realização de uma monitorização à distância. A IOT é uma tecnologia inteligente de identificação, deteção e inteligência. A IOT é definida como a combinação de computação em nuvem, rede de sensores inteligentes e rede ubíqua. Algumas das redes ubíquas são 3G, LTE, GSM, WLAN, WPAN, wimax, RFID, zigbee, NFC, bluetooth e outras tecnologias de protocolos de comunicação sem fios.

Atualmente, a agricultura industrializou-se e, por isso, precisa de ser desenvolvida. O desenvolvimento agrícola só pode ser fomentado pela ideia de informação agrícola, e é uma pedra angular para transformar e manter um desenvolvimento económico sólido e sustentável. Constitui a base do serviço de informação agrícola. Em termos de formas modernas, a IoT produz muitas tecnologias, como o cultivo sem solo, a tecnologia de controlo da solução de culturas, a tecnologia de fotossíntese artificial, a tecnologia de controlo do ambiente de crescimento, a tecnologia de irrigação inteligente, etc. A tecnologia IoT é utilizada nas explorações agrícolas para produzir tecnologia de fábrica de plantas. É muito eficaz no sistema agrícola para a produção contínua de culturas ao longo do ano, graças a um controlo muito preciso do ambiente. O computador controla automaticamente a temperatura, a humidade, a concentração de CO2 e a solução de crescimento das plantas nas explorações agrícolas.

A plataforma de controlo agrícola inteligente e a base de dados. A plataforma é igualmente composta por subsistemas como o controlo do ambiente agro-ecológico, o controlo dos recursos agrícolas, o controlo do processo de produção, a segurança alimentar dos produtos agrícolas, o equipamento e as instalações agrícolas. O centro de dados é um conjunto complexo de instalações. Inclui não só um sistema informático, mas também outro equipamento associado, ligações de comunicação de dados redundantes, equipamento de controlo ambiental, equipamento de monitorização e vários tipos de dispositivos de segurança.

A identificação por radiofrequência, a comunicação sem fios, o controlo automático e as técnicas de deteção de informações IOT permitem obter uma grande quantidade de dados e alcançar verdadeiramente uma agricultura inteligente.

**xi.** APLICAÇÕES DE COMPUTAÇÃO EM NUVEM NA AGRICULTURA
SISTEMA DE INFORMAÇÃO

Miao Tion, Qingli Xia e Hao Yuan (2012) afirmam que o problema da gestão da informação agrícola, é muito urgente implementar a computação em nuvem nesta área. O autor refere que, nos últimos anos, devido ao desenvolvimento da tecnologia, o sector agrícola tem sido declarado e a construção tem aumentado nas zonas rurais. Os recursos e serviços de informação agrícola fornecem aos agricultores a informação de que realmente necessitam, ou seja, alterações climáticas, dependência do solo. Na primeira fase, processam a informação face a face, na segunda fase através dos meios de comunicação social e de documentos impressos, na terceira fase através do telefone e das redes sociais. A quarta fase é a computação em nuvem. Trata-se de um sistema de computação e armazenamento empresarial que permite a deteção de conteúdos. A computação em nuvem pode ser desenvolvida no sector agrícola, fornecendo informações e culturas adaptadas a estas condições.

No âmbito da computação em nuvem, diferentes organismos podem utilizar um espaço comum para armazenar mensagens e partilhar a infraestrutura fornecida pelos fornecedores de serviços em nuvem. As máquinas não precisam de ser compradas, mas os recursos de informação agrícola são armazenados no servidor da nuvem. Isto proporciona aos agricultores informações eficientes e uma faturação mais precisa. Como os agricultores têm baixos níveis de literacia, a computação em nuvem fornece métodos integrados em vez dos tradicionais. Se os agricultores enviarem pedidos de informação ao sistema, o cliente é enviado diretamente para a nuvem, que recolhe todos os dados necessários para os pedidos e envia o resultado ao utilizador. A nuvem pode desenvolver um novo método integrado para satisfazer as necessidades dos utilizadores e atraí-los. Depois de os agricultores terem apresentado o seu pedido ao serviço de computação em nuvem, este analisa o problema e fornece uma solução com base nas várias agências de serviços de informação agrícola. A plataforma de consulta na nuvem pode ser vista como uma caixa negra entre o agricultor e os serviços. A plataforma de consulta em nuvem atribui o preço adequado para responder às perguntas, incentivando o agricultor a fazê-lo. A vantagem deste sistema

Os serviços de informação agrícola não necessitam de criar o seu próprio centro de informação e aconselhamento. Isto reduz os custos de aquisição de equipamento. Pouparão tempo e dinheiro e tornarão a comunicação mais fácil e mais rápida.

A computação em nuvem tem cinco valores: custo inicial reduzido, atribuição ilimitada de recursos, manutenção e actualizações realizadas a montante e sem colaboração com outros sistemas na nuvem e potencial para desenvolver serviços globais. A computação em nuvem é uma ferramenta que disponibiliza os serviços informáticos de uma forma simples e esconde as dificuldades associadas aos serviços. O utilizador não precisa de saber quem está a fornecer os serviços. Reduz o custo de utilização e manutenção destes serviços. A computação em nuvem fornece serviços ao utilizador onde e quando estes são necessários. A nuvem agrícola é uma nuvem especial composta por diferentes serviços baseados na nuvem MAD.

Na maioria dos países em desenvolvimento baseados na agricultura, como a Índia, o sector agrícola contribui com até 20% do PIB do país e cerca de 65% da população total está empregada neste sector. O principal objetivo do nosso trabalho é definir o potencial da terra de forma explícita e dinâmica para condições únicas e variáveis de solo e clima. A aplicação na nuvem ajudará os agricultores a aumentar a sua área agrícola. Este trabalho também facilitará uma integração e divulgação mais rápida e completa dos conhecimentos locais e científicos.

Esta aplicação oferece um serviço de alta qualidade e dados eficientes ao utilizador, onde quer que ele esteja e quando quiser.

Oferece uma área de cobertura mais alargada. Este capítulo centra-se na caraterização e análise de dados agrícolas em condições climáticas e de solo variáveis. A nuvem suporta vários serviços que permitem aos agricultores interagir com a nuvem utilizando meios menos dispendiosos, como sensores, dispositivos móveis, scanners, etc. A aplicação de investigação baseia-se inteiramente na arquitetura MAD-cloud, com dados armazenados de acordo com as coordenadas e os requisitos físicos e químicos das culturas. Os dados são armazenados de forma metodológica e são actualizados pelo administrador, sendo os dados recolhidos por sensores, GPS. Os dados definem também a textura do solo, a humidade, a velocidade do vento e a precipitação. O utilizador pode obter informações detalhadas sobre as culturas em causa para aumentar a produção. O utilizador pode selecionar a localização das coordenadas e definir dados pessoais, como o nome, o local, etc. Também descreve as doenças das culturas e os métodos de cura. A nuvem fornece meios objectivos, como a quantidade necessária, a fiabilidade e a segurança. A utilização da nuvem na agricultura ajuda o agricultor e também aumenta o nosso nível económico. A agricultura é a principal fonte de rendimento da maioria da população indiana. A agricultura de precisão está a ser adoptada em alguns países, mas é necessário envolver a computação em nuvem na agricultura para aumentar a produção agrícola e desenvolver a nossa economia. Prevê-se que a computação em nuvem registe um forte crescimento num futuro próximo devido à melhoria dos meios de armazenamento e à maior velocidade da Internet. Os agricultores poderão obter informações e reduzir os custos, o que é benéfico para os agricultores.

A Organização das Nações Unidas para a Alimentação e a Agricultura prevê que a população aumente em 8 mil milhões até 2025 e em 9,6 mil milhões até 2050. A Índia é um grande país agrícola, com vastas terras de cultivo, mas com baixo valor de produção. A tecnologia de computação em nuvem visa ligar vários objectos em todo o mundo através da Internet. Implica a utilização de sensores sem fios que monitorizam o estado das coisas. Pode ser utilizada eficazmente para aumentar a produção agrícola e satisfazer as necessidades crescentes de uma população em crescimento. A computação em nuvem, combinada com a IOT, permite cobrar pela utilização e reduzir os custos. Pode ser desenvolvida para aumentar a qualidade, a quantidade, a sustentabilidade e a rentabilidade da produção agrícola.

Os agricultores indianos já começaram a utilizar ferramentas e máquinas agrícolas modernas. Os agricultores indianos estão apenas na fase introdutória em comparação com outros países. A computação em nuvem é necessária na agricultura e não é possível para os agricultores lidar com os prestadores de serviços numa base individual. A computação em nuvem permite a partilha de recursos a baixo custo. Se olharmos para os países asiáticos, dos quais a Índia é um deles, a China e o Japão também estão numa fase avançada. A utilização do servidor de armazenamento da computação em nuvem é proposta para reduzir o custo dos serviços de dados e para ultrapassar as desvantagens associadas ao elevado custo dos serviços de dados. A computação em nuvem é utilizada para fins de armazenamento virtual. Este método reduz os custos e dá aos utilizadores a possibilidade de solicitarem apenas os serviços de que necessitam em cada momento.

### xii. O PAPEL DOS SENSORES NA AGRICULTURA DE PRECISÃO

A Índia é uma das economias de crescimento mais rápido do mundo. Em todo o mundo, 58,4% da terra está em combinações agrícolas engenhosas. No entanto, na Índia, apenas 30% a 60% da agricultura é assegurada por estas combinações. Atualmente, a Índia ocupa o segundo lugar no mundo em termos de produção agrícola. A agricultura e os sectores conexos representaram 13% do PIB total em 2014 e cerca de 50% da mão de obra total. No entanto, o relatório atual mostra que o sector agrícola continua a ficar para trás.

A agricultura de precisão (AP) é um conceito de gestão agrícola baseado na observação, medição e resposta à variabilidade inter e intra-campos das culturas. A variabilidade das culturas envolve componentes espaciais e temporais. Alguns peritos agrícolas aperceberam-se da necessidade de incorporar dados de sensores no sistema agrícola e analisaram a forma de ultrapassar propostas realistas que envolvem o governo e as suas políticas. Graças a estas técnicas, os analistas de dados, os profissionais da agricultura e outros intervenientes estão a propor soluções para melhorar os processos a um custo mais baixo.

A evolução dos dados ao longo da última década deu origem a um pensamento único no domínio da tecnologia da informação e da ciência dos dados, denominado Big Data. Esta tecnologia está a ser amplamente considerada como uma ideia para desenvolver o desempenho dos sistemas agrícolas, combinando dados de diferentes sistemas e plataformas de comunicação para reduzir as perdas de culturas redundantes, melhorar a governação agrícola e os serviços agrícolas. Reúne toda a informação sobre as culturas gerada por dispositivos electrónicos inteligentes (como sensores de humidade, sensores electromagnéticos e sensores ópticos) para uma área detalhada. Estes dispositivos inteligentes gerarão enormes quantidades de dados, impulsionados pela manutenção de registos, acordos e requisitos regulamentares, que são considerados grandes volumes de dados. Os dados dos serviços de e-Agricultura podem ser considerados Big Data devido à variedade de dados com grandes volumes que circulam a alta velocidade. As soluções de Big Data para serviços de e-Agricultura incluem as tecnologias predominantes atualmente, como HDFS, Map Reduce, Hadoop, STORM, etc.

Os pontos seguintes ajudarão a melhorar o desempenho dos sistemas agrícolas e a aumentar a produtividade:

1. Medir, armazenar e analisar dados para melhorar a qualidade do desempenho.

2. Gerir os custos das receitas reduzindo a probabilidade de fracasso das colheitas.

3. Melhorar os cuidados preventivos e aumentar a satisfação dos produtores e dos consumidores.

O termo "big data" refere-se a dados estruturados, semi-estruturados e não estruturados que podem ser explorados para fins informativos. Os grandes volumes de dados são um conjunto de técnicas e tecnologias que requerem novas formas de integração para descobrir um grande valor oculto em conjuntos de dados de grande dimensão, diversificados, complexos e em grande escala. O tratamento destes dados através de ferramentas normais de gestão de bases de dados é uma tarefa muito séria. Tudo o que nos rodeia está a contribuir para a geração de grandes volumes de dados a todo o momento. O vasto sistema agrícola da Índia precisa de aproveitar os "grandes dados" da agricultura, interpretando um conjunto complexo de dados, incluindo registos agrícolas electrónicos e dados de sensores.

**xiii.**

## BASE DE DADOS VIRTUALIZADA DE INFORMAÇÕES AGRÍCOLAS

Os recursos de informação agrícola, como ficheiros multimédia, imagens de teledeteção e fluxos de dados de monitorização, caracterizam-se por um armazenamento distribuído e maciço. O desenvolvimento de técnicas modernas de informação agrícola, a geração e utilização de recursos de informação agrícola e a partilha de dados colocam desafios urgentes. Os dados de imagens de teledeteção são amplamente utilizados para o controlo de pragas e doenças, a previsão do rendimento, a análise da qualidade das culturas, etc., tendo sido também conseguida uma monitorização dinâmica do crescimento das culturas.

Existem diferentes aplicações agrícolas, dados de monitorização de terras agrícolas, dados climáticos e dados de levantamentos de solos para organizações isoladas, computação em nuvem, computação distribuída e computação em rede, que se caracterizam pela virtualização, elevada fiabilidade, capacidade partilhada e capacidade de resposta à procura. O Hadoop, enquanto quadro de fonte aberta, é adequado para o armazenamento e a gestão de dados distribuídos em computadores pouco dispendiosos. A plataforma de armazenamento em nuvem é constituída por um servidor central que fornece a interface, como o acesso aos recursos, a gestão da plataforma e a monitorização do estado, etc. Depois de ser submetida à plataforma de nuvem, fornece informações como imagens de deteção remota, vídeo e texto que podem ser armazenadas no servidor de recursos.

O serviço de informação gere os serviços subjacentes, como as informações de registo, a validação legal e o acompanhamento do estado. O utilizador normal também pode registar-se, obter e aceder às informações agrícolas. O utilizador administrador pode monitorizar dinamicamente o nó de monitorização do servidor de recursos. O armazenamento em nuvem é um tipo de pool de armazenamento de recursos virtualizado. Combinado com uma ou mais aplicações de software ou hardware, tem a capacidade de atribuição dinâmica, expansão fluida do armazenamento e comunicação. O armazenamento em nuvem trata da integração de recursos distribuídos separadamente. Os recursos de armazenamento em nuvem são armazenados em diferentes nós de recursos. O algoritmo de armazenamento distribuído permite que os dados sejam transmitidos de forma eficiente. Quando os utilizadores adicionam informações sobre a agricultura, cujo esquema foi guardado, a categoria tem de ser especificada.

Um nó de plataforma de monitorização dinâmica distribuída baseado no armazenamento em nuvem Hadoop foi desenvolvido pelo software de código aberto ganglia. Atualmente, a base de dados agrícola virtualizada está a ser eficazmente desenvolvida e implementada em muitos países. Resolve o problema do bloqueio de informações agrícolas maciças, do armazenamento de várias cópias e da transmissão competitiva de informações sobre recursos agrícolas. O controlo dos servidores foi efectuado de forma dinâmica e a segurança dos recursos agrícolas deve ser tida em conta em todas as instituições de investigação.

## **xiv.** GRANDES DADOS NA ALIMENTAÇÃO E NA AGRICULTURA

Atualmente, a agricultura tornou-se digital. Até os pequenos agricultores estão a utilizar as informações recolhidas pelo equipamento agrícola de precisão, grandes conjuntos de dados e análises de precisão. A John Deere equipa todos os seus tractores com sensores que recolhem informações sobre as condições do solo e das culturas. Estas informações ajudam os agricultores a decidir onde plantar as culturas. As informações recolhidas pelos tractores da John Deere não estão disponíveis gratuitamente para os agricultores.

A utilização de vastos conjuntos de informações e de ferramentas digitais para as recolher, separar e analisar é conhecida como "Big-data". No passado, a agricultura era empírica, mas a informação recolhida não era digital. Hoje em dia, porém, os dados podem ser registados de forma mais eficiente através de uma aplicação, e o agricultor pode aceder a informações aprofundadas. O Integrated Field Systems (IFS) é uma plataforma no âmbito da qual a Monsanto Corporation dispõe de uma série de ferramentas digitais para a recolha e análise de dados agrícolas. Recolhe dados sobre o estado do solo, as ervas daninhas e as condições meteorológicas. No caso da identificação de infestantes, ajuda os agricultores a identificar as infestantes e a medir a pressão sobre as mesmas utilizando ferramentas de cartografia digital. Isto mostra que há benefícios para as empresas.

Em 2013, a Monsanto adquiriu o criador de ferramentas digitais Climate Corporation, que se centra em ferramentas de recolha de dados a nível das explorações agrícolas. O Serviço Nacional de Informação Agrícola (NAIS) do Canadá para a agricultura e o agroalimentar criou uma aplicação denominada Agroclimate Impact Reporter (AIR). Os dados climáticos de todos os agricultores e voluntários são recolhidos e fornecidos aos agricultores através desta ferramenta.

Os autores prevêem que determinados sistemas agrícolas podem ser utilizados não só na conceção de grandes volumes de dados, mas também na comercialização de tecnologias de grandes volumes de dados. A inovação em sementes híbridas, a agronomia, a análise de dados e a agricultura de precisão proporcionarão aos agricultores sementes híbridas e aumentarão as oportunidades de rendimento. Esta é a ligação entre a tecnologia, a ecologia social e o conflito humano.

## xv.  CONCLUSÃO E TRABALHO FUTURO

Este capítulo analisa o papel da Internet das Coisas (IoT) no sector agrícola. Atualmente, a agricultura está equipada com serviços avançados, como GPS e sensores, que lhe permitem comunicar entre si, analisar dados e trocá-los. As tecnologias da informação fornecem à agricultura serviços sob a forma de nuvens. Os cientistas que trabalham no sector agrícola poderão fornecer as suas descobertas, as suas sugestões sobre as técnicas modernas de cultivo e a utilização de fertilizantes, e poderão obter o historial da região. Esta aplicação baseia-se na agri-cloud, que melhora a produção agrícola e a disponibilidade de dados relativos a projectos de investigação falhados. Este capítulo deverá promover uma grande investigação sobre a aplicação da IoT na agricultura.

# CAPÍTULO 3

## IOT PARA A SEGURANÇA DAS MULHERES

"Ela é livre na sua selvageria, ela é uma errante, uma gota de água livre. Não conhece fronteiras e despreza as regras. Para ela, o "tempo" não é algo contra o qual lutar. A sua vida flui limpa, apaixonadamente, como água fresca" - Roman Payne, famoso romancista americano

A Internet das Coisas (IoT) tem grandes vantagens, mas também desvantagens. As mulheres, que são de facto o sexo forte, tendem a sentir muita dificuldade em defender-se de uma violação. Além disso, os profissionais de saúde mental afirmam que as perturbações de stress pós-violação aumentaram de forma extravagante nos últimos anos. Com o objetivo de servir a sociedade, realizámos uma investigação detalhada sobre os efeitos físicos e psicológicos da violação e propusemos um protótipo que define os efeitos da violação nos últimos 20 anos. Desenvolvemos um protótipo baseado na IoT para proteger as mulheres dos abusos físicos. O resto do capítulo está organizado da seguinte forma: A secção 2 apresenta uma panorâmica literária das causas e efeitos da violação e dos problemas enfrentados pelas mulheres nos últimos 20 anos. A secção 3 apresenta uma panorâmica geral das tecnologias de software anti-violação existentes e a arquitetura do protótipo proposto. A secção 4 conclui o capítulo com uma descrição das futuras direcções de investigação para as medidas de segurança das mulheres.

<h3 style="text-align:center">xvi. Uma REVISTA LITERÁRIA</h3>

Mary P. Koss, Aurelio Joss Figuerdo, Iris Bell, Melinda Tharan e Shannon Tromp (1996) estudaram a evolução da memória de mulheres vítimas de maus tratos físicos. O estudo foi efectuado em mulheres que trabalham em centros médicos, universidades, etc. Os resultados mostraram que a violação afecta os factores de memória "clareza" e "vigilância". Os autores indicaram que os sintomas físicos e a pressão mental são elevados após a violação. Gillian C. Mezey (1997) publicou um capítulo sobre o mecanismo de tratamento das vítimas de violação. Os efeitos psicológicos pós-violação incluem depressão, ansiedade e disfunção sexual. A autora procurou, por isso, devolver às vítimas uma reação normalizada à violação, recuperar um sentido de poder, dignidade e auto-confiança e encorajar o regresso à funcionalidade social psicológica. Os autores concluem afirmando que os profissionais de saúde mental podem estar atentos à história de violência física e de bisbilhotice. O estudo de Lori K. Sudderth (1998) baseia-se numa análise qualitativa de entrevistas com 30 sobreviventes de violação que tinham sido violadas por homens. A principal conclusão deste estudo é que as vítimas se sentem mais negativas quando discutem os momentos amargos que viveram durante uma violação. Têm relutância em partilhar a sua experiência com os outros. Muitos estudos mostram que as vítimas, sobretudo as mais jovens, não se dirigem à esquadra da polícia para denunciar o incidente. Até um certo ponto, nem sequer se sentem à vontade para partilhar a sua experiência. O objetivo final desta investigação é o "processo de recuperação". As vítimas sobreviventes evitam expor as emoções induzidas pela violação. As vítimas têm relutância em partilhar a sua experiência devido ao estigma associado à condição de vítima de violação.

O objetivo da investigação levada a cabo por Jillian C. Shipherd e J. Gayle Beck (1999) é superar a perturbação de stress pós-traumático causada pela violação. O relatório do inquérito mostra que as pessoas se tornam mais ansiosas, deprimidas e angustiadas ao longo da sua vida. Não conseguem libertar-se dos pensamentos associados à violação.

O estudo de Jwlith B. Brad Ford (2000) indica que as pessoas que sofreram abusos em criança são mais deprimidas, mais alcoólicas e mais stressadas nas suas relações. Rebecca Campbell, Courtney

E.Ahrens, Tracy Sefi, Sharon M.Wasco, Holly E.Barner (2001), no seu estudo, questionaram 102 vítimas de violação sobre a reação social e o apoio da família e dos amigos após a violação. O apoio da família e dos amigos foi insignificante. Em vez de se preocuparem com elas e de as ajudarem física e mentalmente, eles (a sociedade e os amigos) mergulham-nas na miséria, fazendo queixas negativas e culpando-as. O inquérito conclui que o apoio da sociedade, dos amigos e da família é insuficiente. O principal objetivo de Paul A. Schewe (2002) é desenvolver um currículo comum desde o ensino básico até ao ensino secundário. Sharo M. Wasco (2003) salientou os limites da resposta ao trauma e as aplicações do stress pós-traumático às vítimas de violação. O estudo de Ingrid Sochting (2004) sublinhou a necessidade de programas de prevenção da violação para raparigas jovens. A maioria das universidades norte-americanas dá prioridade à mudança de atitude das mulheres, educando-as em técnicas de prevenção da violação.

Existem dois tipos de programas de prevenção da violação

1. Programas de mudança de atitude

Trata-se de um seminário ou workshop com a duração de 1 a 2

horas. Define o impacto da violação na vítima, na sua família e na sociedade. Participam tanto homens como mulheres. A Dra. Lonsway organizou este tipo de programa, pedindo-lhes ideias para eliminar a violação na sociedade.

2. Programas de autodefesa

As estratégias para resistir à violação incluem gritar, morder, lutar, dar murros, arranhar, pontapear, usar uma arma, fugir e gritar.


Tami P. Sullivan, Katharine J. Meese, Suzanne C. Swan, Carolyn M. Mazuse e David L. Snow (2005) observou que se um criminoso cometeu uma violação uma vez e não foi notado pela polícia ou pelos meios de comunicação social, é mais provável que cometa o mesmo erro mais tarde. O estudo de Terri L. Messman (2006) analisou 262 estudantes do sexo feminino que deram ideias sobre como prevenir e evitar a violação. O número de vítimas do sexo feminino e de crianças vítimas de abuso aumenta na idade adulta. Sarah E. Ullman (2007) explicou o que aconteceu nos últimos dez anos. Estuda as agressões sexuais desde 1997 e referiu que a auto-defesa, os tipos de violadores e a relação entre a vítima e o agressor foram todos estudados por si. Nos anos 70, os agentes da polícia aconselhavam as mulheres a restringir o seu comportamento (não sair, usar roupa totalmente coberta) e ensinavam-lhes também certas técnicas de autodefesa. Muitas mulheres tentam limitar a violação física ou verbalmente. A estratégia mais eficaz para evitar a violação é a autodefesa física, como morder, resistir, arranhar, bater e usar uma arma, uma vez que as vítimas não estão conscientes da situação. O inquérito revela que 20 a 25% das mulheres recorrem a estas técnicas, como gritar e berrar, quando estão em perigo. Quando Jocelyh A. Hollender (2009) pesquisou os sistemas de autodefesa para as mulheres, encontrou uma grande quantidade de artigos e livros [Cummings 1992; kidder, boell&Moyer 1983; McDaniel 1993; ozer& bandura 1990]. Em estudos universitários, foram organizados numerosos workshops e seminários, mesmo que se tenham revelado "suficientes" [Anderson & Whiston 2005; Gidycz em 2002]. 75% das violações são evitadas se as mulheres ripostarem [Gordon &riger 1989]. "O National Crime Victimization Survey (Inquérito Nacional sobre a Vitimização do Crime) registou uma redução de 81% se as mulheres recorressem à agressão física. Toda a investigação realizada sobre o banco do autor Ullman (1997) mostra que a prevenção física, como lutar, gritar, são as poucas esperanças de evitar a violação. As mulheres que aprenderam a auto-defesa podem utilizar estas capacidades sem qualquer objetivo. O autor concluiu que a maior parte dos mecanismos de autodefesa podem por vezes tornar a mulher fraca, física e psicologicamente impotente [Hollander 2001, 2004, McCarighey 1997].

Stevenlawyer, PhD; heicliresnick, PhD; von backanic, PhD; Tracy Burkett ph D; dean Kilpatrickph D (2010) estudaram a forma como o álcool e as drogas conduzem à violação ou ao abuso. Foi realizado um inquérito a 314 raparigas universitárias que tinham consumido drogas e álcool, e 93 (29,6%) responderam que tinham consumido drogas. 5,4% [n=17] referiram que tinham sido violadas.

O estudo conclui que as agressões sexuais nos campus universitários são mais frequentes do que as agressões forçadas e que são frequentemente precedidas de consumo voluntário de álcool.


O estudo de Jocelyn A. Hollander (2010) destacou a necessidade de autodefesa para as mulheres. De acordo com um estudo longitudinal de mulheres universitárias, a autodefesa contra o abuso é essencial. O estudo indica que um dos obstáculos é a falta de educação, de sensibilização e de dinheiro. O autor defende que as mulheres devem ter auto-confiança, tal como referido por outros autores na literatura [Cohn, kidder e Harvey, 1978; Hollander 2004; McCaughey 1997; McDaniel 1993; ozer e bandura 1990; weitlaf, smith e cervone 2000]. Um programa de autodefesa de 3 horas por semana, 1,5 horas para treino físico e o resto do tempo para treino psicológico, permite às mulheres equiparem-se. National Coalition Against Sexual Assault [NCASA] e outros cursos de autodefesa feministas oferecidos em todo o país [Cummings1992;rentscler1999] O inquérito envolveu 292 participantes, dos quais apenas 18 (6,2%) afirmaram que existiam muitos obstáculos à participação neste tipo de curso, enquanto os outros participantes foram creditados.

William F. Mckibbin e Todd K. Shockelford (2011) realizaram uma série de estudos de investigação e concluíram que a violação é um problema enfrentado por todas as espécies ao longo da sua evolução. Nos seres humanos, a violação de mulheres por homens tem ocorrido ao longo da história e entre culturas, pelo que o autor apresenta uma panorâmica da investigação teórica e empírica sobre como evitar ser violado. O autor conclui dizendo que a fisiologia evolutiva é uma poderosa ferramenta heurística para evitar a violação. Motiva também os investigadores a continuarem a estudar o mecanismo fisiológico associado ao comportamento de evitar a violação, o que poderia melhorar a vida das mulheres em todo o mundo. CorinPerillouer,JoshuaD.Duntley,DavidM.Buss (2011) realizaram um inquérito e examinaram o custo da violação vivido pelas vítimas de violação e de tentativa de violação, utilizando análises quantitativas em diferentes domínios, como a saúde, o valor percebido, as relações familiares, a vida profissional, a vida social, a reputação social, a reprodução sexual, o desejo de ter relações sexuais, a frequência das relações sexuais, o prazer do sexo e as relações de compromisso a longo prazo.O autor verificou que as vítimas de violação eram mais afectadas em 11 dos 13 domínios do que as vítimas de tentativa de agressão sexual. Embora as vítimas de tentativa de agressão sexual, ambos os grupos de vítimas referiram efeitos negativos em todos os domínios.

Lorelei Simpson Rove ,ErnestN.Jouriles ,Renee Mc Donald,CoraG,platt,GabriellaS.Gomez (2012) realizaram uma investigação que ofereceu um DATE ( Dating Assertiveness Training Experience ) Apesar dos esforços consideráveis para desenvolver programas de prevenção de agressões sexuais para estudantes do sexo feminino, participaram cerca de cento e trinta e nove estudantes do sexo feminino numa universidade privada no sudoeste dos Estados Unidos.As participantes foram aleatoriamente designadas para o DATE, a vitimização sexual e a reação à agressão sexual foram avaliadas após três meses, e as mulheres que completaram o DATE tinham menos probabilidades de serem vitimadas do que as que não o fizeram. Jeffery K.Snyder e Daniel M.T.Fessler (2012) revisitaram o trabalho de Mc Kibbin et al (2011). Mc Kibbin et al apresentaram a literatura para apoiar as suas previsões, tais como o facto de os comportamentos variarem com a idade.

com base na atratividade física do indivíduo, no seu estado de relacionamento e na proximidade da família, mas não conseguiu provar que a idade teria uma influência semelhante. O autor opôs-se a Mc Kibbin et al com os seguintes argumentos

1) Duas das suas previsões não confirmam as explicações alternativas 2) O seu instrumento de medida, o RAI, não apoia as previsões substanciais

O autor conclui, portanto, que a utilidade do RAI pode ser limitada para além das suas especificações.


R.SeanBannon ,MathewW.Brosi,JhonD.Foubert (2013) afirma que as mulheres de irmandades e os homens de fraternidades têm mais probabilidades do que outros estudantes de sobreviverem e serem autores de agressões sexuais, respetivamente. Este estudo examinou as características acima mencionadas do mito da violação em homens e mulheres, tais como a aceitação, a eficácia do espetador e a vontade de ajudar em potenciais situações de agressão sexual. As mulheres das irmandades aceitaram melhor o mito da violação e estavam mais dispostas a intervir do que os homens das fraternidades. Jocelyn A. Hollander (2014) realizou um estudo sobre se o treino de autodefesa previne ou não a violência sexual contra as mulheres. Ao longo de um ano, utilizou dados recolhidos de um curso universitário de autodefesa feminista de método misto e chegou à conclusão de que as mulheres que participaram em acções de autodefesa têm menos probabilidades de sofrer agressões sexuais do que as mulheres que não frequentaram esses cursos; afirma também que a formação em autodefesa melhora a confiança na sua capacidade de resistir eficazmente a essas agressões sexuais.

Mary Ellsbery, DianaJ.Arrango, Mathew Morton, HorizaGennari, Sveinungkiplesund, ManuelContreros, Chorlotte Watts (2014) realizaram um levantamento de relatórios estatísticos de diferentes países e descobriram que a violência contra mulheres e raparigas assume muitas formas, como a violência por parte do parceiro íntimo, a agressão sexual por outras pessoas que não o parceiro, em países de elevado rendimento, Nos países de elevado rendimento, as intervenções produziram melhores resultados em termos de melhoria da saúde física e mental, mas não tiveram efeito na revitimização, pelo que nos países de baixo e médio rendimento a ênfase é colocada mais na prevenção das várias formas de violência contra as mulheres, levando a autora a concluir que é possível prevenir a violência através de determinadas intervenções que têm um efeito significativo no contexto dos programas.

Claudia Garcia ,Cathyzimmerman ,Alison Morris-Gehring ,Lori Heise ,Auni Amin, NaeemahAbrahams, OswaldoMontoya, PadmaBhate-DeosthaliNdukuKilanzo, Charlotte Watts (2014) argumenta que a violência contra as mulheres é um problema global violência do parceiro íntimo violência física ,a autora defende que a liderança política e o investimento governamental são essenciais para reduzir a violência contra as raparigas e as mulheres a autora conclui que o sector da saúde, outros sectores e a sociedade civil têm um papel crucial a desempenhar e que também é necessário investir na investigação para recolher dados sobre a violência contra as mulheres e tomar medidas correctivas para a prevenção.

Rachel K.Jeukes,MichaelG.Hood James Lang (2015) investigou o papel da violência contra as mulheres é feito por elas em vez de as castigar todos envolver todos os homens e rapazes em acções contra a violência contra as mulheres e raparigas é essencial o autor argumenta que a violência contra as mulheres se deve à desigualdade de género motivando rapazes e homens há uma mudança de atitude em relação às raparigas e mulheres ele também argumenta que todos os homens e rapazes têm um papel positivo a desempenhar para ajudar e acabar com a violência contra as mulheres.

RoeAnnE.Andreson                ,AmandaM.Brouwer                ,Angela R.Wendrof,ShawnP.Cahill (2015) afirmam que uma em cada quatro estudantes do sexo feminino sofre agressão sexual no campus, mas que o campus não oferece os programas de autodefesa em profundidade necessários para reduzir o risco de agressão sexual. O autor realizou um estudo para explorar temas quantitativos nas mulheres, como a assertividade, a conformidade/aceitação, a tomada de decisões condicionais, o evitamento, a expressão de desconforto e

a sugestão de contacto futuro. Foram seleccionadas aleatoriamente
139 mulheres que se encontravam em diferentes níveis de ameaça de
agressão sexual; o autor mediu os temas acima referidos e
representou-os para futuras intervenções.

Paul A. Schewe (2016) debruçou-se sobre jovens violadores que
frequentavam o ensino básico, o ensino secundário e a universidade;
a maioria deles não fazia ideia do que era a adolescência. A
adolescência é o período de desenvolvimento marcado pelo início da
puberdade. O autor estuda a experiência de algumas medidas
adoptadas para ensinar às mulheres técnicas de prevenção do sexo e
de autodefesa (Parrot, 1990), mas sabe-se muito pouco sobre o
namoro na adolescência. À medida que as agressões sexuais entre
adolescentes aumentaram, os esforços de prevenção expandiram-se e
mais programas começaram a dirigir-se a públicos mais jovens, o
autor explicou as avaliações de resultados no esforço de prevenção
da violação para adolescentes e jovens adultos.

Este capítulo baseia-se na importância de proteger os
estudantes universitários da vitimização durante a sua educação pós-
secundária. ContneyA.Franklin,Hae Rim Jin ,Lindsay M.Ashworth&
Jane H.Viada (2016) analisaram o papel das instituições de ensino
superior no Texas para a prevenção, recursos, resposta e
acompanhamento das vítimas após a agressão sexual, analisaram
também os recursos existentes nas universidades e em vários campi

de educação e recolheram dados e deram algumas sugestões para melhorar as estratégias existentes.

## XVII. PROTÓTIPO DE PROTEÇÃO CONTRA A VIOLAÇÃO EXISTENTE E PROTÓTIPO PROPOSTO A ARQUITETURA

Todas as aplicações para telemóveis estão repletas de ameaças. De facto, causam-nos problemas técnicos e desiludem-nos. Por exemplo, "Circle 6" é uma aplicação móvel especialmente concebida para a segurança das mulheres. Quando uma mulher se encontra numa situação ameaçadora, tem de premir o botão duas vezes e o alerta é enviado sob a forma de um texto pré-determinado para as pessoas em quem confia. "Hollaback" é uma aplicação móvel utilizada para partilhar a fotografia e as informações de um criminoso em ihollaback.org. Trata-se de uma pré-intimação para que os outros se protejam. "bSafe" é uma aplicação móvel concebida para crianças. A sua utilização é paga. As mensagens de alerta são enviadas por SMS para as pessoas em causa. "Guardly" é também uma aplicação móvel utilizada para partilhar uma situação de perigo sob a forma de uma chamada para as pessoas em causa. Esta aplicação também está sujeita a uma taxa. "Cab4meis" é outra aplicação móvel. Quando uma pessoa está em perigo e carrega no botão de alerta, a sua localização é identificada e o táxi vai em seu socorro. Rmithra é uma aplicação móvel especialmente concebida para os comboios. Se as mulheres tiverem problemas relacionados com abusos, o alerta é transmitido para a cabina do comboio.

**Desvantagens das tecnologias existentes :**

1. A maioria das aplicações móveis depende dos smartphones.
2. Os analfabetos não a podem utilizar.
3. A segurança depende dos telemóveis.
4. Muito caro
5. É difícil continuar o controlo.
6. Pode surgir um problema de rastreabilidade.

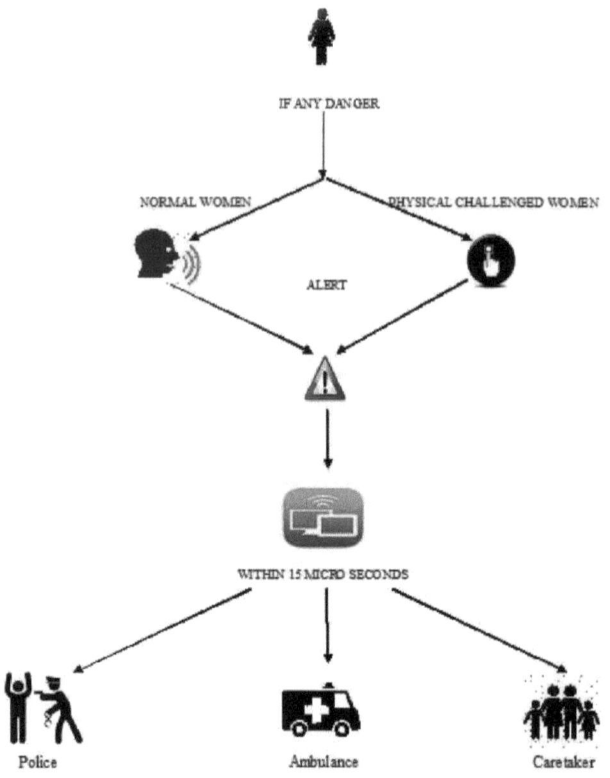



Fig.1 Proposta de arquitetura loT para proteger as mulheres contra a violação

# xviii. CONCLUSÃO E TRABALHO FUTURO

Este capítulo examina as causas e os efeitos da violência física contra as mulheres nos últimos 20 anos. As mulheres que são vítimas de violência física enfrentam muitos problemas psicológicos, físicos e sociais. As mulheres, que são de facto o sexo forte, tendem a sentir muita dificuldade em defender-se de uma violação. Além disso, os profissionais de saúde mental afirmam que as perturbações de stress pós-violação aumentaram de forma extravagante nos últimos anos. Com o objetivo de servir a sociedade, realizámos uma investigação detalhada sobre os efeitos físicos e psicológicos da violação nos últimos 20 anos. Desenvolvemos um protótipo de estrutura baseada na IoT para proteger as mulheres dos abusos físicos. Este capítulo deve promover mais investigação sobre a aplicação da IoT no desenvolvimento de mecanismos anti-violação e de medidas de segurança para as mulheres.

# CAPÍTULO 4
# TECNOLOGIAS DA INFORMAÇÃO E DA COMUNICAÇÃO (TIC) PARA AJUDAR AS PESSOAS A VIVEREM DE FORMA AUTÓNOMA EM CASA

Um sistema de assistência à autonomia no domicílio (AAL) [1] é constituído por sensores e dispositivos heterogéneos que geram diariamente enormes quantidades de dados brutos e não estruturados específicos dos doentes. Devido à diversidade de sensores e dispositivos, os dados capturados também variam muito. Um dado pode variar de alguns bytes de valor numérico (por exemplo, FC = 72 bpm) a vários gigabytes de fluxo de vídeo [3][4]. Propomos uma abordagem baseada na descoberta de conhecimentos que permite ao sistema consciente do contexto adaptar o seu comportamento em tempo de execução, analisando grandes quantidades de dados gerados em sistemas de assistência à autonomia no domicílio (AL) e armazenados em repositórios na nuvem. Os resultados deste método de aprendizagem são depois aplicados a processos de tomada de decisões contextuais para o doente. Para identificar as verdadeiras condições anómalas em pacientes com variações na pressão arterial (PA) e na frequência cardíaca (FC) [5]-[8]. Aqui utilizamos o algoritmo FP-Growth para o processo de extração. O algoritmo FP-Growth [9]-[16] é um método eficiente e escalável para extrair o conjunto completo de padrões frequentes através do crescimento de fragmentos de padrões, que utiliza uma estrutura de árvore de prefixos alargada para armazenar informações comprimidas e cruciais sobre padrões frequentes, denominada árvore de padrões frequentes (FP-tree). Por conseguinte, utilizamos o algoritmo FP-Growth no nosso conceito BD-Cam para fazer uma utilização altamente eficiente dos dados médicos.

O resto do capítulo está organizado da seguinte forma: A secção 2 descreve a perspetiva orientada para os objectos dos sistemas de monitorização sensíveis ao contexto. A secção 3 apresenta uma panorâmica da discussão e dos resultados. A secção 4 conclui o capítulo indicando futuras direcções de investigação.

## xix. A PERSPECTIVA ORIENTADA PARA OS OBJECTOS DOS SISTEMAS DE MONITORIZAÇÃO SENSÍVEIS AO CONTEXTO
## 2.1 DIAGRAMA DE CASOS DE USO

O sistema de gestão do contexto [2] recolhe os dados brutos e pré-processa-os utilizando os dados recolhidos na base de dados e monitoriza os registos na base de dados. O Big Data gere todos os dados de entrada e recolhe, pré-processa e explora os dados utilizando o FP-Growth, depois monitoriza os registos e fornece o serviço necessário ao utilizador [17][18]. Tudo o que o utilizador tem de fazer é fornecer os dados de entrada e os serviços necessários são fornecidos.

Figura 1: Diagrama de casos de utilização

## 2.2 DIAGRAMA DE ACTIVIDADES

Os dados de entrada são recolhidos do utilizador e armazenados no coletor de dados e no reencaminhador, os dados são processados, agregados e armazenados no repositório na nuvem. Os dados são processados, agregados e armazenados no repositório na nuvem. O sistema explora então os dados frequentes e fornece contexto e consultas aos fornecedores de serviços.

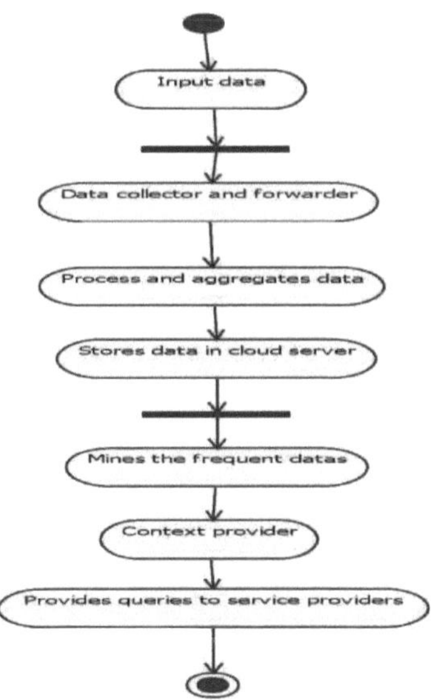



Figura 2. Diagrama de actividades

## 2.3 DIAGRAMA DE ESTADO

Os dados de entrada são recolhidos do utilizador e armazenados no coletor de dados e no reencaminhador, enquanto o contexto é agregado e armazenado no servidor em nuvem. O fornecedor do contexto fornece o contexto, ajuda a construir o sistema de gestão do contexto e, em seguida, fornece o serviço necessário.

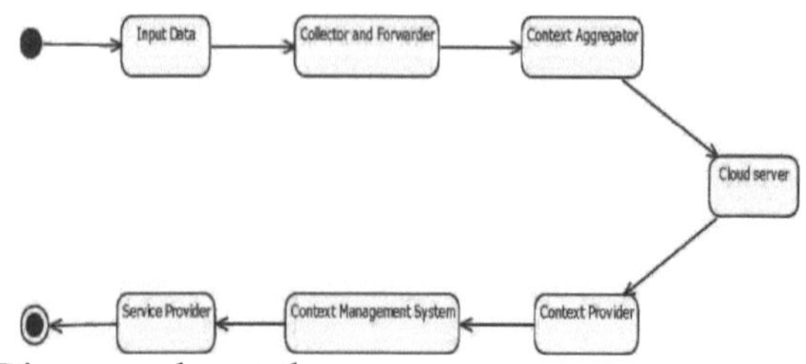


Figura 3. Diagrama de estado

## 2.4 DIAGRAMA DE SEQUÊNCIA

O utilizador introduz dados em bruto no sistema de gestão do contexto e o sistema recolhe os dados em bruto do utilizador. O servidor em nuvem pré-processa os dados recolhidos do utilizador e o sistema de gestão do contexto armazena todos os dados na nuvem. O sistema de gestão do contexto agrega todos os dados contextuais e o servidor de nuvem gere todos os dados agregados. Em seguida, o sistema fornece a filtragem e a classificação dos dados ao servidor de nuvem e os resultados são fornecidos ao utilizador.

Figura 4. Diagrama de sequência

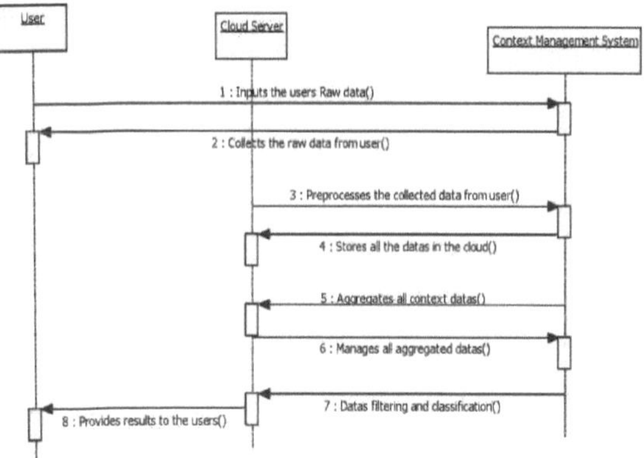


Figura 4. Diagrama de sequência

## xx. DISCUSSÃO E RESULTADOS

### 3.1 DADOS DE ENTRADA

Um sistema administrativo informatizado utilizado para gerir e registar dados e tratamentos de doentes, tanto em regime de internamento como de ambulatório. É essencial para o funcionamento e gestão eficientes do sistema, gerando documentos como etiquetas e cartas e fornecendo informações para monitorizar o rendimento em relação aos contratos e comunicar o desempenho em relação aos objectivos principais.

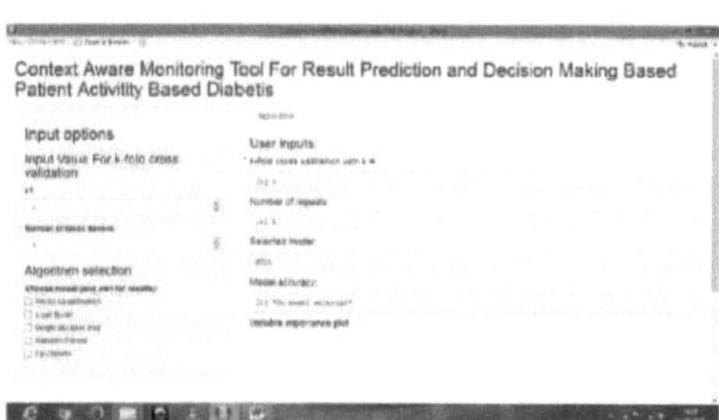

Figura 5. BDCAM

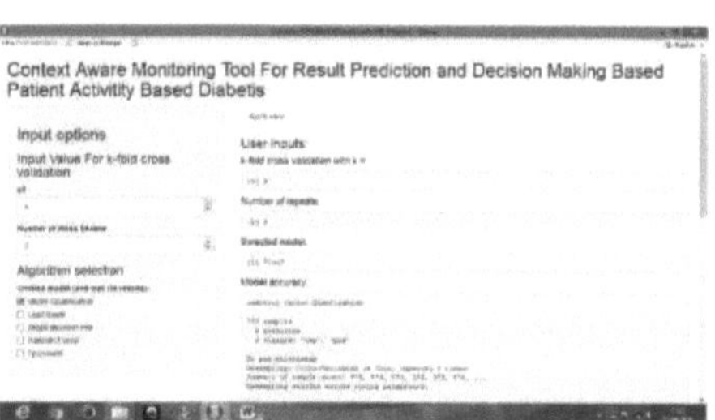

Figura 6. Quantificação do vetor

Técnica de quantificação de vectores para o processamento de sinais que permite modelar funções de densidade de probabilidade pela distribuição de protótipos de vectores, compressão de dados.

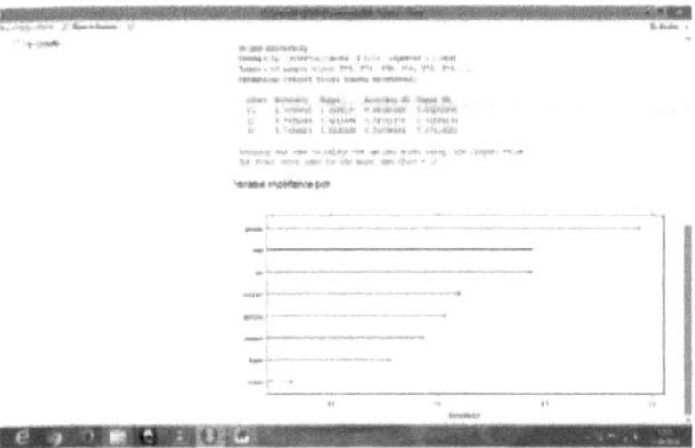

Figura 7: Gráfico das variáveis de quantificação vetorial

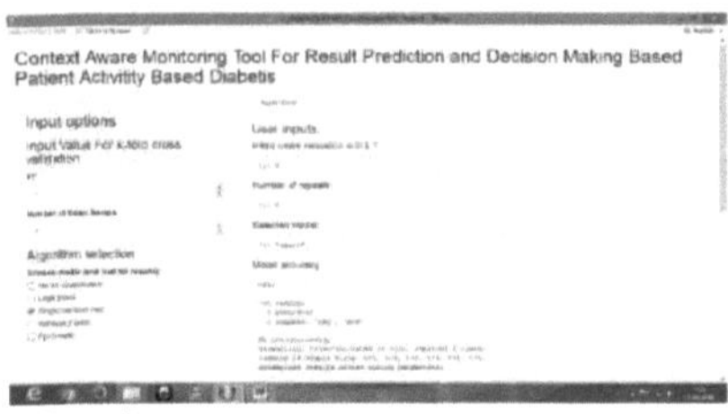

Figura 8. Impulso Logit

O Logit boost é um algoritmo ada boost que é um modelo aditivo generalizado e que aplica a função de custo da regressão logística.

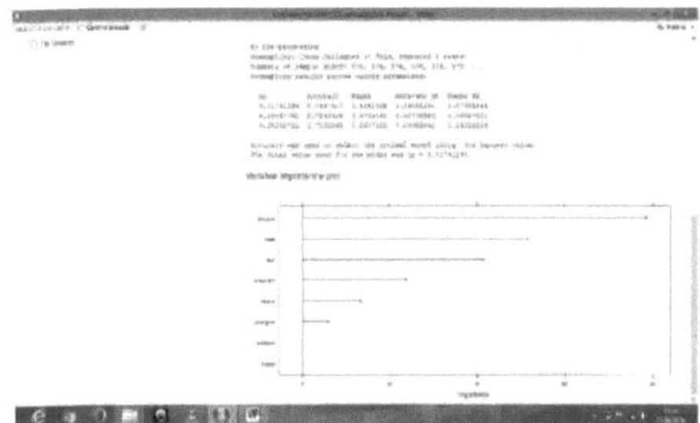

Figura 9. Diagrama Logit BoostVariable

## 3.2 CONTROLO DO ACESSO AOS DADOS

O controlador de acesso aos dados é o elemento principal do contexto nos sistemas de gestão. A conta do administrador, válida para o doente e a conta do utilizador externo em caso de emergência, é mantida. Em caso de emergência, o identificador de ligação externa é fornecido ao terceiro a quem se acede. Este sistema fornece à direção um sistema de informação sobre a prestação de serviços. O utilizador de emergência deve pedir para ver os dados do doente e envia o pedido ao administrador. O administrador consulta os dados do pedido e dá autorização de acesso aos utilizadores de emergência.

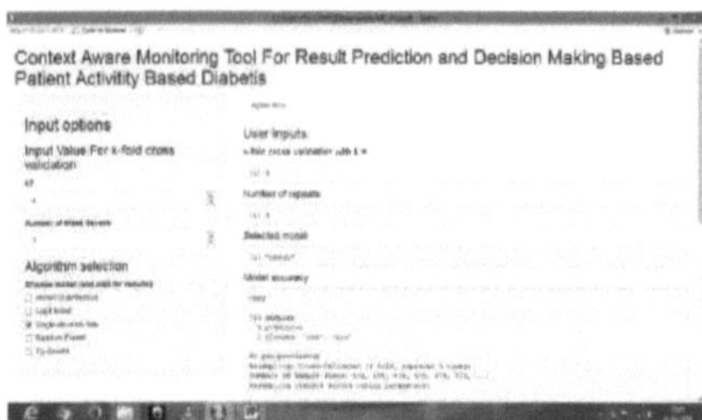

Figura 10. Árvores de decisão simples

Uma árvore de decisão é uma ferramenta de apoio à decisão que utiliza um gráfico ou modelo de árvore de decisões e suas possíveis consequências, incluindo os resultados de eventos aleatórios, custos de recursos e utilidade. São normalmente utilizadas na investigação operacional, especificamente na análise de decisões, para ajudar a identificar a estratégia com maior probabilidade de atingir um objetivo, mas são também uma ferramenta popular na aprendizagem automática.

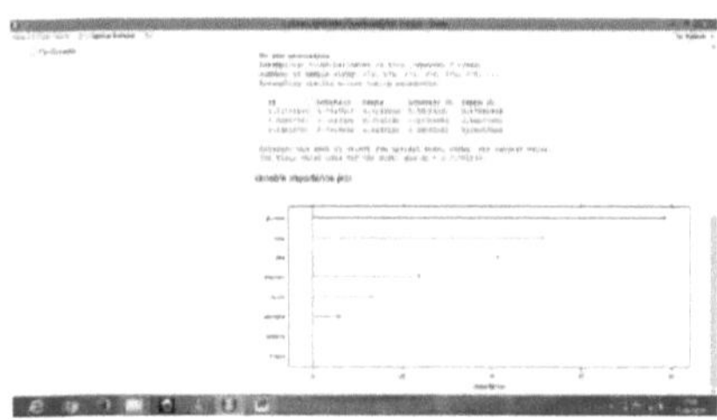

Figura 11. Árvores de decisão simplesPlot de variáveis

## 3.3 PÓS-PROCESSAMENTO

No módulo de pós-processamento, os dados necessários são recolhidos na fase anterior. Cada PC aplica técnicas bem conhecidas para obter um contexto primitivo a partir dos dados de baixo nível. Os dados devem ser classificados através de um método baseado em regras, e os dados classificados são depois armazenados em servidores pessoais na nuvem. Um sistema de gestão do contexto (CMS) é o elemento central do quadro. O CMS consiste numa série de servidores distribuídos na nuvem que guardam os grandes dados. Armazena o historial do contexto de milhões de pacientes. São utilizadas diferentes técnicas de aprendizagem automática no CMS para inferir diferentes regras personalizadas e genéricas para vários eventos do utilizador. Quando as regras personalizadas são descobertas pelo CMS, são enviadas para o PCS correspondente. Quaisquer regras genéricas recentemente identificadas são enviadas para a nuvem do fornecedor de serviços. É assim que o CMS mantém cada componente do modelo atualizado com novos conhecimentos. Por vezes, as regras existentes são necessárias para raciocinar sobre novos conhecimentos de alto nível.

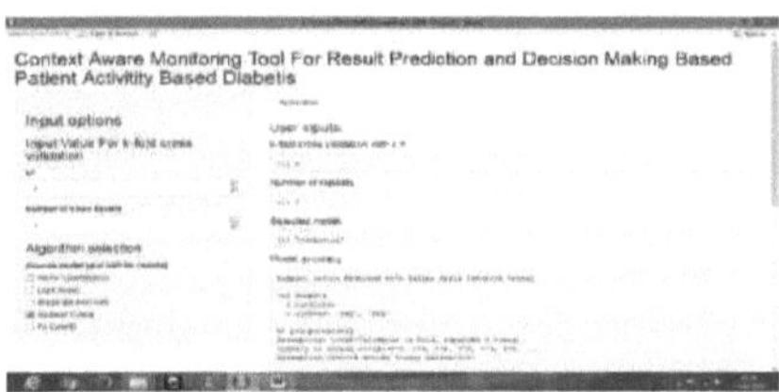

Figura 12. Floresta aleatória

A floresta aleatória é um movimento da técnica geral das florestas de decisão aleatórias, que são um método de aprendizagem de conjunto para classificação, regressão e outras tarefas, que funciona através da construção de uma multiplicidade de árvores de decisão em tempo de treino e produzindo a classe que é a moda das classes.

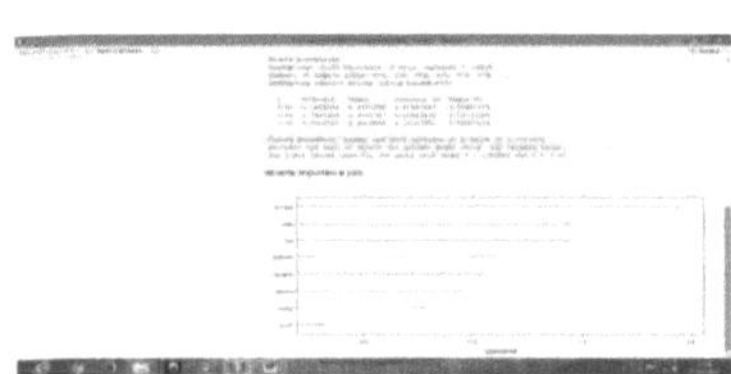
Figura 13. Gráfico das variáveis do Random Forest

## 3.4 TOMADA DE DECISÕES SENSÍVEIS AO CONTEXTO

O módulo de recolha de dados é executado no servidor local, recolhe dados brutos de um sistema AAL e envia-os para a nuvem da AC. Conforme descrito, os PCs convertem os dados de baixo nível em contexto de alto nível e enviam-nos de volta para a nuvem da CA. Com base na literatura de investigação existente, partimos do princípio de que essas capacidades de conversão de contexto já existem. Para simplificar o cálculo, cada conjunto de valores de atributos de contexto Ai é convertido num valor numérico. Alguns atributos de contexto já têm valores numéricos. As anotações numéricas são utilizadas para contextos com um valor nominal. Os contextos estáticos ou históricos que têm valores booleanos são combinados.

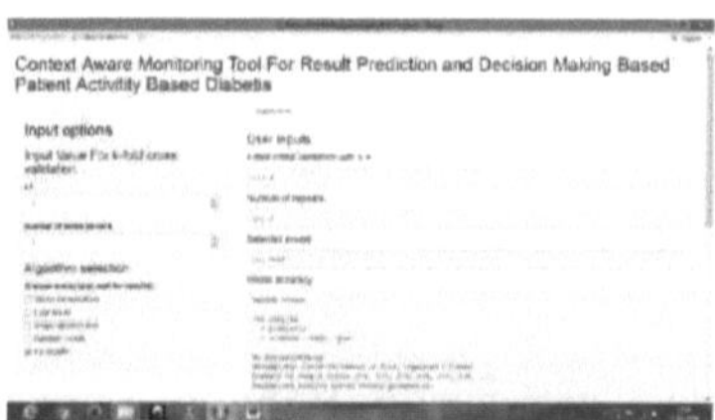

Figura 14. Traço do algoritmo FP-Growth

Uma árvore FP é uma estrutura de dados em forma de árvore que representa a base de dados de uma forma compacta. É construída através do mapeamento de cada transação ordenada por frequência para um caminho na árvore FP.

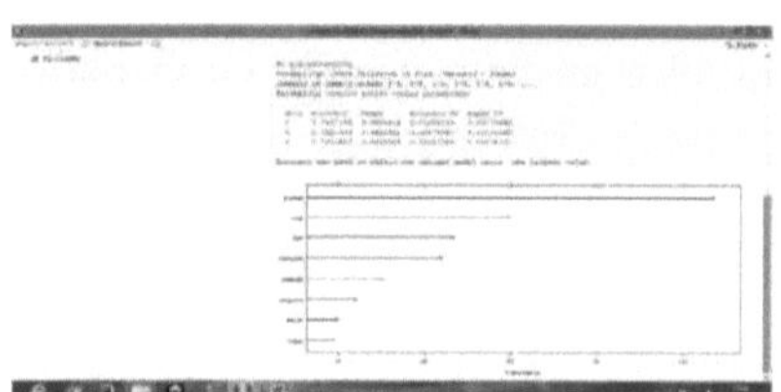

Figura 15. Gráfico da variável "crescimento" do PQ

## xxi. CONCLUSÃO E TRABALHO FUTURO

BDCaM, um quadro generalizado para cuidados de saúde personalizados que aproveita as vantagens da computação contextual, da monitorização remota, da computação em nuvem, da aprendizagem automática e dos grandes volumes de dados. A nossa solução fornece uma abordagem sistemática para apoiar comunidades cm rápido crescimento de pessoas com doenças crónicas que vivem sozinhas e necessitam de cuidados assistidos. O modelo FP- Growth também simplifica as tarefas dos profissionais de saúde, não os sobrecarregando com falsos alarmes. O sistema pode fazer uma distinção exacta. O método FP-Ch Growth utilizado para validar o modelo é obtido através da geração de dados artificiais com base em dados derivados de pacientes reais, preservando a correlação dos sinais vitais de um paciente com diferentes actividades e sintomas. A relação FP-Growth mais forte entre os sinais vitais e a informação contextual tornará os dados gerados mais consistentes e o modelo mais exato para validação. A avaliação experimental do nosso sistema num modelo de nuvem para pacientes com diferentes níveis de frequência cardíaca e pressão arterial mostrou que o sistema pode prever condições anormais correctas num paciente com elevada precisão e num curto espaço de tempo quando devidamente treinado com grandes amostras.

# CAPÍTULO 5
# IOT PARA PROTEGER REGISTOS MÉDICOS

A Internet das Coisas (IoT) apresenta grandes vantagens, mas também desvantagens. Os problemas encontrados pelos autores são a interoperabilidade e a segurança no caso do sistema de saúde. Todos os dados de saúde são considerados dados pessoais privados e devem ser seguros. A confidencialidade, a integridade e a autoridade devem ser preservadas no caso dos dados médicos. O autor observa que as questões de interoperabilidade da IOT ainda não são consideradas um problema para o desenvolvimento de um sistema de transferência de dados que ligue os prestadores de cuidados de saúde aos pacientes. Algumas propostas de middleware utilizam arquitecturas orientadas para os serviços (SOA) em redes integradas. O middleware necessita de normas para melhorar a interoperabilidade entre dispositivos, nomeadamente no caso dos dispositivos de cuidados de saúde. Existe também um modelo de saúde omnipresente. Neste modelo, os dados médicos individuais são medidos por um dispositivo de saúde pessoal omnipresente (UHD) e a informação é enviada para o serviço de saúde que fornecerá feedback aos médicos especialistas e aos doentes. É evidente que a função de análise e processamento dos dados médicos foi realizada apenas no servidor: descrevemos como a Internet das Coisas pode ser o principal motor das aplicações distribuídas de cuidados de saúde e, de forma controversa, como resolver os problemas e desafios da computação SUN.

O resto do capítulo está organizado da seguinte forma: a secção 2 descreve um quadro concetual de segurança para os registos pessoais de saúde (PHR). A secção 3 apresenta uma panorâmica geral da implementação de um registo eletrónico do doente utilizando a arquitetura de documentos clínicos. A secção 4 apresenta uma panorâmica pormenorizada de uma wiki semântica baseada na nuvem para a formação de utilizadores na gestão de processos de cuidados de saúde.

A secção 5 descreve o E-EPR: uma arquitetura baseada na nuvem de um registo eletrónico de emergência do doente. A especificação dos requisitos do processo para cuidados holísticos é descrita na secção 6. A secção 7 trata do quadro de controlo de acesso para sistemas de cuidados de saúde móveis ubíquos que utilizam serviços em nuvem. A secção 8 trata do sistema de fluxo de trabalho baseado na Web para cuidados de saúde de emergência. A secção 9 trata da especificação dos requisitos do processo de fluxo de trabalho para um serviço de emergência médica. A secção 10 conclui o capítulo indicando futuras direcções de investigação.

## XXII. um quadro concetual de segurança para os registos médicos pessoais (PMSR)

Mikaelapoulymenopoulou, Despinapakonstantinou, Floramalamateniou, Andriana Prentza e George (2013) afirmam que, em geral, os registos médicos dos doentes têm de ser geridos de forma muito segura. Mesmo os registos médicos são geridos por sistemas electrónicos. Os autores supracitados afirmam que o registo médico pessoal eletrónico (DMP) é uma informação centrada no cidadão. Permite também que os cidadãos controlem as suas informações pessoais. Os autores referiram ainda que o DMP ideal permitiria aos cidadãos ligarem-se aos seus prestadores de cuidados, como os membros da família, e armazenarem em conjunto as suas informações de saúde e sociais. Embora seja muito eficaz, coloca problemas específicos em termos de segurança. A segurança é mais importante para os dados médicos. Se os dados não forem seguros, não é possível utilizar o sistema PHR eletrónico. No sistema PHR eletrónico, em alguns casos, várias partes fazem entradas e pedem acesso aos dados do PHR. Uma vez que as pessoas que não são especialistas na matéria são consideradas incapazes de controlar toda a informação relacionada com a saúde. Neste trabalho, os autores acima referidos apresentaram um quadro concetual de segurança para a utilização de uma política de controlo de acesso baseada em atributos para os PHR. Este quadro será continuamente atualizado de acordo com as políticas de segurança locais do prestador de cuidados de saúde e as preferências de partilha dos profissionais e dos cidadãos.

## XXIII. IMPLEMENTAÇÃO DE UM REGISTO ELECTRÓNICO DO DOENTE UTILIZANDO A ARQUITECTURA DOS DOCUMENTOS CLÍNICOS

M. Poulymenopoulou e G. Vassilacopoulos (2004) explicam que, no passado, os registos médicos dos doentes eram mantidos em capítulos, brochuras, registos, etc. Após o desenvolvimento dos computadores, os registos médicos passaram a ser mantidos numa pequena base de dados. Após o desenvolvimento dos computadores, os registos médicos eram mantidos numa pequena base de dados. Mas um registo eletrónico do doente deve fornecer os meios para integrar dados que podem estar dispersos por organizações de cuidados de saúde dispersas. Normalmente, estas utilizam sistemas heterogéneos para apoiar as suas funções internas. Neste capítulo, os autores apresentam um protótipo de implementação de um sistema de registo eletrónico de doentes baseado na Web, utilizando XML como formato de dados e CDA para definir e estruturar os documentos clínicos do doente.

## XXIV. UMA WIKI SEMÂNTICA BASEADA NA NUVEM PARA FORMAR UTILIZADORES NA

## GESTÃO DE PROCESSOS DE CUIDADOS DE SAÚDE

Mikaela Poulymenopoulou, Despinap Apakonstantinou, Flora Malamateniou e George Vassilacopoulos (2010). A conceção bem sucedida de processos de cuidados de saúde requer a participação ativa dos utilizadores que estão conscientes da natureza cooperativa e colaborativa da prestação de cuidados de saúde, expressa em termos de processos de cuidados de saúde. Por conseguinte, é necessário um material de formação flexível, ágil e adaptável para permitir que os utilizadores insiram os seus conhecimentos e experiência nas actividades de gestão e reconfiguração dos processos de cuidados de saúde. Os autores referem que pode ser utilizado um software social denominado WIKI, que favorece a cooperação e a colaboração em qualquer altura e em qualquer lugar e que está associado à tecnologia da Web semântica, que permite estruturar os elementos de informação para facilitar a recuperação, a reutilização e o intercâmbio entre diferentes sistemas e ferramentas. Neste capítulo, os autores acima referidos propuseram um wiki semântico como meio de desenvolver material de formação para os prestadores de cuidados de saúde relativamente à gestão dos processos de cuidados de saúde. O wiki semântico deve funcionar como uma memória colectiva em linha que contém material de formação acessível a utilizadores autorizados, melhorando assim o processo de formação através de capacidades de colaboração e cooperação. Propõe-se que o wiki seja armazenado numa nuvem privada virtual segura e acessível a partir de qualquer lugar, que seja um ambiente excessivamente aberto, satisfazendo simultaneamente os requisitos de redundância, elevado desempenho e escalonamento automático.

## E-EPR: UMA ARQUITECTURA BASEADA NA NUVEM PARA UM REGISTO ELECTRÓNICO DE EMERGÊNCIA DO DOENTE

M. Poulymenopoulou, F. Malamateniou, G. Vassilacopoulos (2010) afirmam que, no momento da prestação de cuidados de saúde de emergência, é necessário o registo médico anterior do doente, para que possam ser prestados cuidados de emergência imediatos ao doente e para que se possa determinar o risco e a duração da emergência. O acesso generalizado a informações de emergência integradas é necessário para diagnosticar e seguir os procedimentos de tratamento de forma eficaz e eficiente no momento dos cuidados de emergência. Neste capítulo, é utilizada uma arquitetura orientada para os serviços (SOA) baseada na nuvem para criar um sistema de registo eletrónico de emergência do doente (E-EPR) que pode ser acedido em qualquer lugar e suportar múltiplas aplicações e plataformas, e que gere os registos de forma distribuída. Este sistema pode ser integrado no sistema de informação das ambulâncias e dos hospitais, uma vez que se trata de uma norma aberta e omnipresente que pode ser utilizada para facilitar o tratamento e o diagnóstico dos doentes durante os cuidados médicos de emergência.

xxvi. Mikaela Poulymenopoulou, Flora Malamateniou e George Vassilacopoulos (2013) utilizam o termo "holístico" para se referirem aos serviços de saúde e sociais que têm como objetivo prestar cuidados abrangentes à comunidade. Especialmente para os idosos e para as pessoas que sofrem de múltiplas doenças. É provável que isto exija uma utilização mais eficiente dos recursos de saúde e de assistência social através de uma maior colaboração e coordenação entre as organizações relevantes e a prestação de cuidados mais próximos das necessidades e preferências dos doentes. Este capítulo adopta uma visão centrada no doente e no processo de prestação de cuidados holísticos. Centra-se no levantamento de necessidades para apoiar os processos de cuidados holísticos e permitir que os utilizadores autorizados acedam a informações integradas sobre os doentes no local de prestação de cuidados, quando precisam delas. Os autores referem que é apresentada uma abordagem dos requisitos para apoiar os processos de cuidados holísticos que se baseia na modelação de processos empresariais, na colaboração, na coordenação e na partilha de informações entre organizações de cuidados de saúde e sociais, envolvendo ativamente os utilizadores, fornecendo ideias para concepções alternativas de processos. Esta abordagem permite que várias aplicações existentes sejam integradas num ambiente orientado para os processos, utilizando uma arquitetura orientada para os serviços como solução para apoiar e automatizar os processos de cuidados holísticos. Esta abordagem é aplicada no contexto dos cuidados médicos de emergência e tem como objetivo racionalizar e fornecer tecnologia de apoio aos processos inter-organizacionais de cuidados de saúde e sociais para satisfazer as necessidades holísticas dos doentes.

## XXVII. UMA ESTRUTURA DE CONTROLO DE ACESSO PARA SISTEMAS DE SAÚDE MÓVEIS UBÍQUOS QUE UTILIZAM SERVIÇOS EM NUVEM

Mikaela Poulymenopoulou, Flora Malamateniou (2012) invadiram a visão dos "cuidados de saúde ubíquos" com a afiliação da computação móvel e da computação em nuvem, permitindo que os participantes autorizados nos cuidados de saúde acedam a informações sobre os cuidados de saúde sem quaisquer restrições de localização, tempo ou outros constrangimentos. Deste modo, o sistema pode proteger os registos médicos dos doentes de forma confidencial. Nesta base, este capítulo propõe uma estrutura de controlo de acesso para fornecer serviços de autorização contextuais baseados em funções que possam procurar serviços relevantes e aceder a registos confidenciais de doentes. De acordo com esta proposta, as decisões autorizadas são tomadas com base na restrição de condições que resulta da recolha da teoria do domínio que pode ser utilizada na informação contextual.

## XXVIII.UM sistema de fluxo de trabalho baseado na web para cuidados de saúde de emergência

Mikaela Poulymenopoulou e George Vassilacopoulos (2001), os autores deste capítulo, explicam que a prestação de cuidados de saúde de emergência envolve uma variedade e uma série de actividades que têm de ser realizadas em tempo útil, desde a chamada recebida do doente para o serviço de ambulância até à alta do doente de um serviço de emergência hospitalar. De acordo com o autor, os sistemas de fluxo de trabalho têm recebido recentemente muita atenção nos cuidados de saúde, uma vez que ultrapassam as estruturas organizacionais e satisfazem os requisitos de coordenação e colaboração, encaminhando automaticamente as informações relacionadas consoante as necessidades. O autor salienta ainda que os sistemas de fluxo de trabalho para os cuidados de saúde com base na Web proporcionam a base para o trabalho colaborativo, permitindo que todos os profissionais de saúde localizados em todo o mundo trabalhem em conjunto, criando um grupo virtual para os cuidados aos doentes. Neste capítulo, o autor apresentou um sistema de fluxo de trabalho baseado na Web para responder a emergências de cuidados de saúde. Também forneceu uma infraestrutura para a integração dos cuidados de saúde de emergência hospitalares e pré-hospitalares.

## XXIX. QUE ESPECIFICA OS REQUISITOS DO PROCESSO DE TRABALHO

PARA UM SERVIÇO DE EMERGÊNCIA MÉDICA

Mikaela Poulymenopoulou, Flora Malamateniou e George Vassilacopoulos (2003) argumentam que, devido às recentes tendências na prestação de cuidados de saúde, os conceitos de sistemas de informação sobre cuidados de saúde, que apoiam o processo de cuidados de saúde de uma forma mais importante e direta, têm evoluído gradualmente. A evolução gradual no sentido de cuidados integrados e geridos exige a conceção de processos de cuidados de saúde de acordo com as necessidades dos doentes e a implementação de considerações baseadas na sua eficácia, o que levou a um maior interesse no sistema de informação dos cuidados de saúde orientado para os processos e baseado na tecnologia de fluxo de trabalho. Trata-se de fornecer as tarefas certas às pessoas certas no momento certo, juntamente com as informações e aplicações necessárias. O autor salienta ainda que esta tecnologia de fluxo de trabalho suporta o desenvolvimento de tecnologia baseada em componentes, em que a lógica da aplicação é diferente da lógica do processo. Neste capítulo, o autor apresenta uma forma eficaz de captar os requisitos da lógica do processo para o sistema de fluxo de trabalho, a fim de conceber um sistema que possa scr facilmente adaptado às alterações do processo e também para fazer evoluir uma estrutura na organização a um custo baixo e razoável.

## xxx. CONCLUSÃO E TRABALHO FUTURO

Este capítulo examina o papel da Internet das Coisas (IoT) na segurança dos registos médicos electrónicos (EMR). O registo médico pessoal (RMP) surgiu como um modelo para o intercâmbio de informações de saúde centrado no doente. As questões de saúde e as preocupações com os problemas de saúde estão a aumentar de dia para dia. Muitas pessoas são confrontadas com problemas de saúde e são internadas em centros de saúde. Isto dificulta a conservação dos dados de todos os doentes internados num hospital. Os hospitais têm de manter registos de todos os doentes internados no hospital. Nalguns casos, os doentes têm mesmo de esperar muito tempo até poderem consultar um médico. Além disso, se o médico em causa não estiver disponível no hospital, os enfermeiros têm de o contactar e fazer as perguntas necessárias com base no estado de saúde do doente. Um serviço PHR permite ao doente criar, gerir e controlar os seus dados pessoais de saúde num único local através da Web, tornando mais eficiente o armazenamento, a recuperação e a partilha de informações médicas. Em particular, é prometido a cada paciente o controlo total sobre o seu registo médico e pode partilhar os seus dados de saúde com uma vasta gama de utilizadores, incluindo prestadores de cuidados de saúde, familiares ou amigos. Neste capítulo, descrevemos como a Internet das Coisas pode ser apoiada para garantir a segurança das aplicações distribuídas de cuidados de saúde. Este capítulo deve promover mais investigação sobre a aplicação da Internet das Coisas para garantir a segurança dos registos de saúde pessoais.

APÊNDICE

| S.N. | Título do capítulo | Problema Endereçado | Solução proposta Metodologia/ Estratégia/ Algoritmo/ Arquitetura |
| --- | --- | --- | --- |

| | | | |
|---|---|---|---|
| 1. | Um conceito<br>Quadro de segurança<br>Para a sua saúde pessoal<br>Registos (PHRs)[2013] | Os registos médicos estão também ligados ao prestador de cuidados. Os prestadores de cuidados podem utilizar indevidamente os registos confidenciais de um cidadão. | O sistema fornece uma política de controlo do acesso ao registo de saúde pessoal baseada em atributos que permite a autenticação do prestador com base em políticas de segurança locais, preferências profissionais e preferências de partilha dos cidadãos. |
| 2. | Um doente eletrónico Registo | Arquitetura de Documentos Clínicos (CDA) | Um protótipo de implementação de um sítio Web |
| | Implementação através de um documento clínico Arquitetura [2004] | fornece um mecanismo para definir, estruturar, manipular, etc, | que utiliza XML como formato de dados e CDA para definir e estruturar os documentos clínicos dos pacientes, é apresentado pelos autores. |

| 3. | Um wiki semântico baseado na nuvem para a formação de utilizadores na gestão de processos de cuidados de saúde [2010] | Para que os processos de cuidados de saúde sejam bem sucedidos, é necessário material de formação flexível, ágil e adaptável como software social. | Um wiki semântico é apresentado como um meio de desenvolver matcrial de formação para os prestadores de cuidados de saúde sobre a gestão dos processos de cuidados de saúde. |
|---|---|---|---|
| 4. | E-EPR: uma arquitetura baseada na nuvem de um registo eletrónico de emergência do doente [2011]. | Em caso de emergência, o processo do doente não pode ser encontrado porque não está integrado. | Este capítulo apresenta o armazenamento centralizado dos dados dos registos médicos de emergência, que são integrados nas ambulâncias e nos hospitais para facilitar o tratamento e o diagnóstico durante os cuidados médicos de emergência. |

| | | | |
|---|---|---|---|
| 5. | Especificação dos requisitos do processo para cuidados holísticos [2013]. | A abordagem holística refere-se a questões sociais e de saúde, mas não é integrada. | Integração de várias aplicações antigas num ambiente orientado para os processos, utilizando uma arquitetura orientada para os serviços como solução para apoiar e automatizar processos de cuidados holísticos. |
| 6. | Controlo de acesso Moldura para Mobilidade omnipresente Sistemas de saúde Utilização da computação em nuvem Serviços [2012] | Os cuidados de saúde abertos podem ser alcançados através da integração de dispositivos móveis e da computação em nuvem, de modo a que a informação sobre cuidados de saúde possa ser acedida sem restrições para manter os registos dos doentes. | Este capítulo propõe um quadro para o controlo do acesso aos registos médicos confidenciais dos doentes. Os registos confidenciais são recolhidos com base na teoria do domínio, de acordo com o princípio de base. |

| 7. | Um sistema de fluxo de trabalho baseado na Web para emergências cuidados de saúde[2001] | Nos últimos anos, os sistemas de fluxo de trabalho têm tem sido objeto de grande atenção, mas sem a colaboração dos cuidados de saúde hospitalares e pré-hospitalares. | Os autores criaram uma infraestrutura para integrar dados hospitalares com dados hospitalares. e cuidados de saúde de emergência pré-hospitalares. |
| 8. | Especificação dos requisitos do processo de workflow para um serviço de emergência médica [2003]. | Lógica orientada para o processo | Tecnologia baseada em componentes na lógica da aplicação |

| 9. | Emergência Automatização dos processos de cuidados de saúde utilizando a computação móvel e em nuvem Serviços[2012] | Para prestar cuidados médicos que ultrapassem o princípio holístico básico, os serviços de saúde e de assistência social oferecem apoio psicológico e social. Os serviços de saúde e de ação social necessitam de todas as informações sobre o doente para | O registo eletrónico do doente baseado no fluxo de trabalho (E-EPR) é fornecido como uma nuvem. Muitas organizações são semelhantes aos serviços de cuidados sociais e de saúde, o E-EPR é construído sobre a empresa de cuidados de saúde integrados (IHE) com base numa rede de colaboração. |
|---|---|---|---|
| | | o prestador de cuidados em qualquer lugar e a qualquer momento com o utilizador autorizado. | consiste na agência do SGA de origem e nos prestadores de cuidados sociais que partilham o documento como perfis baseados na IHE. |

| 10. | Políticas de autorização baseadas em ontologias para registos de saúde pessoais para um cidadão sustentável Cuidados de saúde centrados | O próprio doente pode armazenar relatórios médicos/de cuidados de saúde de várias fontes no PHR virtual. O acesso ao PHR virtual é difícil e exige uma política de partilha de dados baseada numa plataforma de interoperabilidade. | Para resolver este problema, propuseram um modelo denominado sistema de autorização para PHRs virtuais baseado em tecnologias semânticas como serviços em nuvem. Também modelaram um modelo de controlo de acesso baseado em funções e atributos que suporta várias políticas de autorização, que têm uma regra para disseminar estes dados com base no pedido do utilizador. |
| 11. | Melhorar a partilha de informações sobre os doentes através das redes sociais | Existem muitos serviços avançados de saúde disponíveis em linha. | Criação de um software intermediário seguro que partilha o ficheiro médico pessoal com o doente e os profissionais de saúde |

| | | Os serviços de saúde em linha exigem um maior nível de fluxo de informação e de colaboração entre o doente e os profissionais de saúde. Esta colaboração também pode ser partilhada através da combinação do registo com a funcionalidade de rede social. A rede social é, por conseguinte, um sistema de distribuição baseado na Web, o que também não é prático no domínio dos cuidados de saúde. | utilizar funções e aplicações das redes sociais, com especial ênfase na arquitetura de segurança. |
|---|---|---|---|

# CAPÍTULO 6
## IOT E COMPUTAÇÃO MÓVEL AVANÇADA

Este capítulo examina os desafios da investigação no domínio da computação em nuvem (Fog Computing). A computação em nevoeiro é também conhecida por computação periférica. A infraestrutura que fornece serviços na extremidade da rede é constituída por nós de nevoeiro. A IoT funciona através do alojamento de uma aplicação num sistema operativo convidado (GOS) executado num hipervisor diretamente no Connected Grid Router (CGR). Existem outros conceitos semelhantes, como o Mobile-Edge Computing (MEC), que se sobrepõem à computação em nevoeiro. O tempo de processamento não deve exceder algumas dezenas de milissegundos, o que poderia afetar negativamente a experiência do utilizador. Os servidores de nevoeiro são capazes de fornecer uma otimização dinâmica e personalizável com base nos dispositivos dos clientes e nas condições da rede local. A computação em nevoeiro pode fazer face à análise de grandes volumes de dados gerados pelas aplicações IoT. Quando surge uma nova tecnologia, o seu nome tem de ser devidamente definido e tem de ser aceite pela comunidade. O nevoeiro tem muitas características que não estão presentes na computação em nuvem. A gestão de milhares de milhões de dispositivos diferentes ligados a uma rede exige a implementação da virtualização das funções de rede (NFV), uma vez que algumas funções de rede são fornecidas apenas por software. No nevoeiro, os serviços e as redes que regressam ao topo podem ser implementados a pedido num dispositivo periférico. A computação em nevoeiro é um cenário em que um grande número de dispositivos heterogéneos, omnipresentes e descentralizados comunicam e cooperam potencialmente entre si e processam tarefas sem a intervenção de terceiros. Estas tarefas podem envolver o apoio a funções básicas de rede ou a novos serviços e aplicações executados num ambiente de "caixa de areia". Este capítulo deverá promover uma grande investigação sobre a aplicação da computação em nevoeiro.

## INTRODUÇÃO

Flauio Bonomi, Rodolfo Milito, Preethi Natarajan e Jiang Zhu (2015) apresentaram o modelo de computação em nuvem do tipo "pague o que usar" (pós-pago) como eficaz na gestão de centros de dados privados (DCS). A visão de nevoeiro proporciona uma aplicação prática e um endereço de serviço para o paradigma da computação em nuvem. O sistema de semáforos inteligentes (Smart Traffic Light System - STLS) foi desenvolvido utilizando a computação de nevoeiro. Os sensores que medem a velocidade e a distância dos veículos que se aproximam em todas as direcções e detectam a presença de peões e ciclistas que atravessam as ruas são utilizados para evitar acidentes, manter um fluxo de tráfego regular e recolher dados relevantes para melhorar e avaliar os sistemas. A computação em nevoeiro também pode ser utilizada em forma de vento para recolher dados sobre o vento e controlar a velocidade da turbina eólica de forma semelhante à nuvem, sendo a coexistência de aplicações pertencentes a diferentes inquilinos suportada pelo nevoeiro. A rede Fog é heterogénea por natureza, suportando uma vasta gama de aplicações em diferentes dispositivos. Mohammed Aazam, Eui Nam Huh (2015) têm como objetivo apresentar uma arquitetura de gateway inteligente com Fog Computing. Foram efectuados vários testes, como o atraso de carregamento, o atraso de sincronização, o jitter, o atraso de carregamento de dados em massa e o atraso de sincronização de dados em massa. A IoT tornou-se um domínio importante com muitas aplicações. Os próprios objectos são utilizados como nós. Muitos dispositivos heterogéneos interagem entre si e partilham informações para formar uma rede. A IoT baseia-se na interação máquina-máquina (M2M) sem interferência humana.

A IOT tem 3 níveis

Camada de perceção

ii) Camada de rede

iii) Camada de aplicação

Na IOT, o termo "coisas" torna-se "nós" e há quem considere que existem dois níveis adicionais.

A camada empresarial e a camada de middleware. A camada de middleware toma decisões com base nos resultados e processa os dados. Também gere serviços e armazena dados.

A porta de ligação inteligente é a porta de ligação que decide quando e que tipo de dados enviar. A temporização refere-se ao tempo que o dispositivo que produz os dados demora a descarregar ou a sincronizar os dados. A computação em nuvem situa-se entre a computação subjacente e a computação em nuvem. São utilizados diferentes algoritmos de processamento para diferentes tipos de ficheiros. A comunicação através do gateway e a computação em nuvem reduzem a carga. O trabalho a incluir depende da variedade de dispositivos e das circunstâncias que rodeiam os objectos. A computação em nevoeiro exige um número muito elevado de nós, suporta a mobilidade, as interacções em tempo real, os jogos, o acesso sem fios e a heterogeneidade. A computação em nevoeiro e a Internet das coisas podem ser combinadas para criar uma variedade de aplicações úteis em tempo real. Por exemplo, um semáforo inteligente que interage com vários sensores que recolheram informações sobre peões, bicicletas, velocidade e distância dos veículos. As bicicletas, a velocidade e a distância de um veículo que se aproxima enviam um sinal de aviso ao proprietário do veículo para evitar acidentes. O nevoeiro fornece a localização e a nuvem a centralização global.

O resto do capítulo está organizado da seguinte forma: A secção 2 descreve as questões de segurança na computação em nuvem. A secção 3 apresenta uma panorâmica geral de um nevoeiro móvel para aplicações em grande escala na Internet das Coisas. A secção 4 apresenta uma panorâmica pormenorizada da integração da nuvem e da IoT. A secção 5 descreve os desafios da investigação no domínio da computação em nevoeiro. A secção 6 descreve o aprovisionamento de recursos no âmbito da computação em nevoeiro. A secção 7 conclui o capítulo com orientações de investigação futuras.

## QUESTÕES DE SEGURANÇA NA COMPUTAÇÃO EM NEVOEIRO

M.T.Dlamini,H.S.Venter,J.H.T.Eloff e M.M.Eloff (2016) justificaram as questões de segurança com o atual entusiasmo, confusão e medo do desconhecido na computação em nuvem. O seu objetivo é também dissipar a "nuvem nebulosa" que paira sobre um desenvolvimento tecnológico tão promissor. As questões de segurança são os maiores desafios que a computação em nuvem enfrenta. A computação em nuvem é "um modelo que permite o acesso conveniente e a pedido a um conjunto partilhado de recursos e serviços informáticos configuráveis e a pedido, que podem ser rapidamente disponibilizados e libertados com um esforço mínimo de gestão ou de interação com os fornecedores de serviços", de acordo com a definição do NIST. Baseia-se em

Oito características comuns: escala maciça, homogeneidade, virtualização, software de baixo custo, computação resiliente, distribuição geográfica, orientação para os serviços e segurança avançada).

Cinco características principais: autosserviço a pedido, acesso alargado à rede, partilha de recursos, elasticidade rápida, serviço medido)

3 modos de serviço: software como um serviço, plataforma como um serviço,
infra-estruturas como serviço)

A computação em nuvem reduz ou elimina os custos de investimento intensivos. Também ajuda a convertê-los em exposições operacionais para a realização de actividades empresariais essenciais. A maioria das organizações vê a transferência das suas aplicações críticas e dos seus dados sensíveis para a nuvem como um obstáculo. A razão para os problemas de segurança na computação em nuvem é a sua natureza partilhada. Muitas vezes, os clientes não sabem onde estão os seus dados, quem os está a processar e com que finalidade. É por isso que o protocolo de autenticação Kerberos e os mecanismos de início de sessão único podem ser utilizados para reduzir este problema. Os acordos de nível de serviço, as tecnologias que melhoram a transparência e os registos de auditoria forense digital à prova de futuro podem ser integrados em conjunto para fornecer AAA na nuvem (autenticação, autorização, contabilidade), utilizando tecnologias que melhoram a transparência (TET) para o acesso dos utilizadores e a utilização dos seus dados.

Ivan Stejmenovic e Sheng Wen (2015) discutiram os serviços de computação em nevoeiro e as questões de segurança, dando exemplos como o ataque man-in-the-middle. Os autores também abordaram a questão do consumo de memória dos dispositivos. A diferença entre o nevoeiro e a nuvem é a proximidade do nevoeiro aos utilizadores finais. A distribuição geográfica dos dispositivos e a sua mobilidade permitem que a computação em nevoeiro ofereça baixa latência, qualidade de serviço (QOS) e conhecimento da localização para aplicações de streaming e em tempo real. Pode ser utilizada em semáforos inteligentes que calculam a presença de peões e bicicletas, bem como a distância e a velocidade dos veículos.

Também pode ser utilizado nos cepos como um atuador para medir os níveis de calor nos rolamentos de esferas e enviar um alerta ao operador do comboio. Também pode ser utilizado nos cepos como um atuador para medir os níveis de calor nos rolamentos de esferas e enviar um alerta ao operador do comboio. Os sistemas ciber-físicos também coordenam as informações dos dispositivos físicos e a integração das TI, da IoT e dos sistemas ciber-físicos está a provocar uma mudança revolucionária no mundo no que diz respeito às questões de segurança. As intrusões podem ser evitadas através de um método baseado em assinaturas, em que o padrão habitual de comportamento é comparado com o padrão atual. A deteção de intrusões pode ser conseguida através de um método baseado em anomalias que utiliza a análise de componentes principais. Este método distingue entre subespaços regulares e irregulares da variabilidade do fluxo de energia. Por exemplo, o habitual KFC ou Star Bar quando se liga a pontos de acesso maliciosos que fornecem o SSID pode ser desviado pelo atacante. Para um ataque MITM, são necessárias duas coisas:

i) Comprometendo o gateway

ii) Inserir código malicioso no sistema comprometido.

Para o evitar, é possível atualizar a ROM de uma porta de entrada normal ou colocar um falso ponto ativo no ambiente. Para o efeito, são utilizadas técnicas de pickpocketing. É difícil lidar com o ataque MITM devido ao aumento insignificante do consumo de memória e da utilização da CPU. A encriptação pode ser efectuada, mas a desencriptação não pode ser efectuada na computação em nuvem. Os dados originais podem ser obtidos a partir do centro de operações.

## NEVOEIRO MÓVEL PARA APLICAÇÕES EM GRANDE ESCALA DA INTERNET DAS COISAS

Kivak Hong, David LIlluthun, Umakishore Ramachandran (2016) salientaram que o crescimento tecnológico dos dispositivos móveis abriu caminho para aplicações sensíveis. A plataforma como serviço, devido à sua escalabilidade e modelos de programação de alto nível, é utilizada para desenvolver aplicações em grande escala através da computação em nevoeiro em dispositivos finais. Ao desenvolver aplicações, existem dois objectivos principais,

Fornecer um modelo de programação de alto nível que reduza a complexidade do desenvolvimento de uma vasta gama de dispositivos.

Permitir que as aplicações sejam dimensionadas dinamicamente de acordo com a sua carga de trabalho utilizando fontes a pedido no nevoeiro e na nuvem.

Para a infraestrutura de computação em nevoeiro, são colocados na infraestrutura de rede dispositivos físicos denominados nós de computação em nevoeiro. Uma vez escrito o código, o programador compila-o para produzir uma imagem de processo de nevoeiro em movimento que pode ser apresentada com um identificador único chamado appkey. Com esta chave, o programador pode gerir o

através da interface de gestão fornecida pelo Fog. O dispositivo de extremo ligado a um nó na rede Fog deve poder mudar de nó quando a localização do dispositivo de extremo muda. As instâncias de computação a pedido no Fog e na Nuvem são utilizadas pelo Mobile Fog para proporcionar uma escalabilidade contínua com base nas políticas de escalabilidade fornecidas pelo utilizador. Uma área metropolitana tem centenas de câmaras. Estas câmaras podem ser ligadas a uma rede para que o agente da polícia possa ver o vídeo a partir do seu telemóvel. Os sistemas de processamento distribuído de eventos complexos (DCP) baseados na mobilidade podem ser utilizados neste processo. O nevoeiro móvel é altamente assimétrico (ou seja, apenas alguns processos estão sobrecarregados). O resultado é um escalonamento dinâmico motivador para lidar com a carga de trabalho altamente assimétrica e dinâmica das aplicações. Tom.H.Luan, Longxiang Gao, Zhili, Yang Xiang, Gusiviwe e Limin Sun (2016) argumentam que a computação em nuvem se tornou uma infraestrutura de TI fundamental para os serviços de Internet. Cerca de 90% dos utilizadores mundiais da Internet dependem da computação em nuvem. A computação em nuvem dificilmente consegue lidar com os milhares de milhões de pedidos dos utilizadores móveis. A computação em nuvem está a ser introduzida como uma camada de interação entre a computação em nuvem e a telefonia móvel. A computação em nevoeiro fornece serviços sensíveis à localização que são desejados pelos utilizadores móveis. Os servidores Fog são dispositivos virtualizados com dados incorporados.

armazenamento. Técnicas informáticas e comunicações. Pode ser implementado utilizando componentes existentes. Os servidores podem ser estáticos dentro de uma loja ou colocados num veículo em movimento (sistema Greyhound Blue). O servidor de nevoeiro pode comunicar diretamente com o telemóvel utilizando comunicações sem fios de salto único, pelo que não há necessidade de ir e vir entre a nuvem e o telemóvel. A conceção em vários níveis e a previsibilidade das características e da procura dos utilizadores são os principais factores pelos quais o nevoeiro comunica com a virtualização (NTV) e as redes definidas por software (SDN), que são novas tecnologias que podem ser incorporadas na computação em nevoeiro para melhorar o serviço.

Enzo Baccarli, Nicola Cordesh, Alasandro Mei, Massimo Tanella, Mohammed Shojafan e Julina Stefa (2016) afirmam que a computação móvel de fluxo de dados grandes tem como objetivo a criação de uma nova geração de infra-estruturas de computação em rede integradas e sem perdas, com capacidade para extrair dados precisos de fluxos de dados heterogéneos correlacionados com o espaço-tempo em constante crescimento. São propostos cinco tipos de caraterização para BDSMC.

i) Variedade .

ii) Volume.

iii) Velocidade (velocidade de geração de dados)

iv) Valor (valores enormes mas ocultos em conjuntos de dados maciços e de baixa densidade)

v)     Volatilidade (os fluxos de dados devem ser transportados e processados em tempo real).

O desempenho do BDSMC depende da localização física dos servidores remotos. O aprovisionamento equilibrado, o escalonamento e a gestão distribuída dos recursos virtuais de comunicação e computação constituem desafios para minimizar o consumo de energia.

O módulo C-Droid é utilizado para descarregar tarefas de cálculo.

1) Lado do aparelho

2) Lado da nuvem

Os módulos do C-Droid envolvidos na redução do consumo de energia são os seguintes

i) Módulo de processamento de comunicações

ii) Módulo de armazenamento em cache e de melhoramento

iii) Módulo de compressão de tráfego

iv) Módulo de sincronização

Desta forma, os centros de nevoeiro processam cooperativamente as tarefas menos intensivas descarregadas e transferem as tarefas mais dispendiosas para centros de dados remotos.

Integrar a nuvem e a IoT

Aussio Botta, Walter de Donato, Valario Persio e Antonio Pescape (2015) afirmam que a integração da nuvem e da IoT é chamada de paradigma IoT-in-the-cloud. A IoT é gerada por objetos do mundo real onde o armazenamento, a velocidade de processamento e o desempenho são baixos e a segurança também. A nuvem, por outro lado, tem armazenamento e capacidade de processamento praticamente ilimitados e uma tecnologia madura. Na IoT, a RFID (identificação por radiofrequência) é uma tecnologia de ponta.

) são utilizados para identificar o dispositivo ligado e permitem a atribuição de identificadores digitais únicos aos objectos. As redes de sensores também detectam a posição, o movimento e a temperatura. O objetivo da camada de middleware utilizada é abstrair a funcionalidade e as capacidades de comunicação do dispositivo. Os dados recolhidos pelos dispositivos IoT são transmitidos a nós poderosos onde a agregação e o processamento são possíveis através da nuvem, mas a escalabilidade é um desafio. A nuvem veicular é outro elemento importante que está a surgir neste domínio. Os sistemas distribuídos estão expostos a uma série de ataques possíveis, tais como o roubo de sessões, a injeção de SQL, o cross-site scripting e os ataques de canais laterais. A impossibilidade de aplicar criptografia ao nível das camadas é um dos principais inconvenientes da computação em nuvem. Mas a integração da IOT e da nuvem tornará a vida quotidiana mais inteligente. Mohamed Firdhous, Osman Ghazali e Suhaidi Hassan (ANO) afirmaram que a computação em nuvem permite que dispositivos de hardware em diferentes sistemas heterogéneos interajam entre si. A rede Fog é semelhante à computação em nuvem, com menor latência, mobilidade e suporte geográfico. A camada de computação de nevoeiro comunica diretamente com dispositivos como telefones, tablets, PCs, etc. A camada de nevoeiro situa-se entre a camada de computação em nuvem e as redes terrestres. Como todas as ferramentas recebidas estão prontamente disponíveis, o trabalho pode ser efectuado com um atraso mínimo. O SAAS (Software-As-A-Service) fornece aos clientes interfaces baseadas na Web. As desvantagens da computação em nuvem são as interrupções de ligação, a elevada latência, a segurança indefinida, etc. A IoT e muitas aplicações de fluxo contínuo em tempo real têm características que não podem ser satisfeitas pela computação em nuvem. Há muitas diferenças entre o nevoeiro e a computação em nuvem. O nevoeiro tem baixa latência. Tem um mecanismo de segurança definido. O nevoeiro é sensível à localização. É necessário um grande número de nós. O nevoeiro suporta interacções em tempo real e mobilidade, o que, quando se trata de lidar com questões de segurança, é preferível à nuvem. A computação em nevoeiro não pode, portanto, substituir completamente a computação em nuvem, mas tem as suas próprias vantagens e desvantagens.

OS DESAFIOS DA COMPUTAÇÃO EM NEVOEIRO

Mugen Peng, Shi Yan, Kechang Zhang, Chonggang Wang (2016) apresentaram um capítulo que aborda as vantagens do processamento local de sinais de rádio, da gestão cooperativa de recursos de rádio e das capacidades de armazenamento distribuído em dispositivos periféricos. Questões como o caching de ponta, as redes definidas por software e a virtualização das funções de rede. A ideia é deixar de transmitir todos os dados da torrente para o conjunto de BBUs e processar parte do sinal nos PRHs locais. Neste processo, são utilizados quatro modos.

a) D2D e RelayMode.

b) Coordenação local e distribuída.

c) Modo C-RAN global.

d) Modo HPN.

Não é necessário armazenar toda a memória cache. Parte da cache pode ser armazenada no próprio dispositivo.

A SDN (rede definida por software) funciona de forma centralizada, ao passo que a F-RAN depende de serviços distribuídos na periferia. O desempenho computacional, a segurança, a interconexão de VNF, a portabilidade e a compatibilidade operacional e de gestão com as RANS antigas que são especificadas para a F-RANS são os maiores desafios. Se estas questões forem resolvidas no futuro, a F-RANS será uma solução amplamente utilizada em todo o mundo.

Ahanhe Yi,Cheng Li,QuenLi (2015) qualifica a QOS (qualidade de serviço) como uma métrica importante do servidor de nevoeiro. Ao considerar a autenticação na IdC, é viável a autenticação biométrica, como a autenticação por impressão digital, a autenticação facial, a autenticação baseada no toque ou na tecla, etc. Para a proteção da privacidade, é preferível a encriptação homomórfica em gateways locais sem desencriptação. Shi Yan, Mugen Peng, Wenbo Wang (2016) afirmam que, em vez de utilizar 4G, é proposta a comunicação sem fios 5G e que a computação em nevoeiro é semelhante à computação de ponta proposta pela CISCO.

Podem ser utilizados vários modelos de sistemas,

Modelo de sistema F-RAN (Fog-Radio Access Network)

ii) Modelo de cache

iii) Modelo de acesso do utilizador :

Modo D2D .

Modo FAP mais próximo .

Modo coordenado local distribuído.

A relação entre a versão original e a versão codificada.

Estes modos podem ser executados de forma eficiente utilizando uma variedade de algoritmos. Assim, o funcionamento da computação em nevoeiro utilizando modos de acesso pode ser efectuado por uma variedade de processos.

## APROVISIONAMENTO DE RECURSOS NA COMPUTAÇÃO EM NUVEM (COMPUTAÇÃO EM NEVOEIRO)

Swati Agarwal, Shashank Yadav, Arun Kumar Yadav (2015) afirmam que a computação em nuvem é uma forma de partilhar recursos informáticos através de uma rede de comunicações. A computação em nuvem é uma camada intermédia entre a nuvem e o cliente. Os recursos disponíveis são atribuídos ao cliente em causa através da infraestrutura como serviço (IaaS). Com as técnicas existentes, existe um problema de sobreprovisionamento e subprovisionamento.

Para resolver os problemas de afetação de recursos, foi proposto um modelo de conceção:

1) Os centros de dados estão organizados em servidores de nevoeiro.

Cada servidor de nevoeiro tem o seu próprio gestor de servidor de nevoeiro. O servidor de nevoeiro carrega o pedido para o Fog Server Manager (FSM).

2) O FSM trata da procura em

i) Se todos os processadores solicitados estiverem disponíveis, o resultado é enviado para o cliente.

ii) Se estiverem disponíveis vários processadores requerentes, a tarefa é dividida em várias tarefas.

iii) Se o servidor estiver atribuído, o cliente deve aguardar o tempo limite mínimo.

iv) Se todos os processos forem recebidos por um único servidor de nevoeiro, um deles será rejeitado.

reintegrado a partir de (ii)

v)    Se não houver um processador disponível no nevociro, o pedido é transferido para a nuvem.

Se o remetente não tiver recebido o resultado dentro do prazo máximo, o cliente aguardará o processamento. Estes métodos podem, por conseguinte, ser utilizados para distribuir os recursos de forma equitativa.

## CONCLUSÕES

Este capítulo examina os desafios da investigação no domínio da computação em nuvem (Fog Computing). A computação em nevoeiro é também conhecida por computação periférica. A infraestrutura que fornece serviços na extremidade da rede é constituída por nós de nevoeiro. A IoT funciona alojando uma aplicação num sistema operativo convidado (GOS) executado num hipervisor diretamente no encaminhador de rede conectado (CGR). Os servidores de nevoeiro são capazes de fornecer uma otimização dinâmica e personalizável com base nos dispositivos dos clientes e nas condições da rede local. A computação em nevoeiro pode fazer face à análise de grandes volumes de dados gerados pelas aplicações IoT. Quando surge uma nova tecnologia, o seu nome tem de ser devidamente definido e tem de ser aceite pela comunidade. O nevoeiro tem muitas características que não estão presentes na computação em nuvem. A gestão de milhares de milhões de dispositivos diferentes ligados a uma rede exige a implementação da virtualização das funções de rede (NFV), uma vez que algumas funções de rede são fornecidas apenas por software. No nevoeiro, os serviços e as redes que regressam ao topo podem ser implementados a pedido num dispositivo periférico. A computação em nevoeiro é um cenário em que um grande número de dispositivos heterogéneos, omnipresentes e descentralizados comunicam e cooperam potencialmente entre si e processam tarefas sem a intervenção de terceiros. Estas tarefas podem envolver o apoio a funções básicas de rede ou a novos serviços e aplicações executados num ambiente de "caixa de areia". Este capítulo deverá promover uma grande investigação sobre a aplicação da computação em nevoeiro.

**REFERÊNCIAS**

1. Arcangelo Castiglione , Raffaele Pizzolante , Alfredo De Santis , Bruno Carpentieri ,niello Castiglione , Francesco Palmieri, "Cloud-based adaptive compression and secure management services for 3D healthcare data", Future Generation Computer Systems,2015.

2. Chao-Tung Yang, Wen-Chung Shih , Lung-Teng Chen, Cheng- Ta Kuo,Fuu-Cheng Jiang , Fang-YieLeu ," Accessing medical image file with co-allocation HDFS in cloud", Future Generation Computer Systems,2015.

3. Assad Abbas, KashifBilal ,Limin Zhang, Samee U. Khan, "Um sistema de recomendação de planos de seguro de saúde baseado na nuvem: uma abordagem centrada no utilizador", Future Generation Computer Systems, 2015.

4. JianghuaLiu , Xinyi Huang, Joseph K. Liu, "Secure sharing of Personal Health Records in cloud computing:Ciphertext-Policy Attribute-Based Signcryption", Future Generation Computer Systems,2015.

5. Shahid Mahmud, Rahat Iqbal, Faiyaz Doctor, "Estrutura de análise e visualização de dados activada pela nuvem para a previsão de choques na saúde", Future Generation Computer Systems,2015.

6. Shu-Lin Wang, Young Long Chen, Alex Mu-HsingKuo, Hung-

Ming Chen , Yi ShiangShiu, "Conceção e avaliação de um sistema de recomendação de informações de saúde móvel baseado em nuvem em redes de sensores sem fio", Computadores e Engenharia Elétrica,2016.

7. Dhivya .P, Roobini.S, Sindhuja.A, "Tratamento baseado em sintomas com base no registo de saúde pessoal utilizando a computação em nuvem", ScienceDirect,2015.

8. K.Ashokkumar, Baron Sam, R.Arshadprabhu, Britto," Cloud Based Intelligent Transport System", ScienceDirect,2015.

9. RavindraCh, G Rajesh, Annapurna G, ChSwetha, M.Ashish Reddy, G.Goutham Krishna, "Sistema automatizado de gestão de cuidados de saúde utilizando a tecnologia de Big Data", Journal of Network Communications and Emerging Technologies (JNCET),2016.

10.    Daniel R. Murphy, MD MBA, Ashley N.D. Meyer, PhD, VirajBhise, MBBS, Elise Russo, MPH, Dean F. Sittig, PhD, Li Wei, Louis Wu, PA, Hardeep Singh, MD MPH, "Computerized Triggers of Big Data to Detect Delays in Follow-up of Chest Imaging Results," Manuscrito aceite, 2016.

11.    Paul P. Magliol , Chie-Hyeon Lim1,2, "Innovation and Big Data in Smart Service Systems", Journal of Innovation Management,2016.

12.     Guillaume Taglang, David B. Jackson, "Utilização de "grandes dados" na descoberta de medicamentos e ensaios clínicos", Gynecologic Oncology, 2016.

13.     J. Senthil Kumar e S. Appavu, "O cuidado personalizado de previsão de doenças a partir de danos usando Big Data Analytics em cuidados de saúde", Indian Journal of Science and Technology,2016.

14.     RaghavendraKune1 , Pramod Kumar Konugurthi , Arun Agarwal , Raghavendra Rao Chillarige, e RajkumarBuyya," The Anatomy of Big Data Computing", 2015

15.     Prasad Calyam, Anup Mishra, Ronny BazanAntequera, Dmitrii Chemodanov, Alex Berryman, Kunpeng Zhu, Carmen Abbott, Marjorie Skubic," Synchronous Big Data Analytics for Personalized and Remote Physical Therapy", 2015

16.     Jianxun Zhang, Zhimin Gu e Chao Zheng (2010), A Summary of Research Progress on Cloud Computing, Application Research of Computers, Vol. 27, No. 2,429-433.

17.     Quan Chen e Qianni Deng (2009), Cloud Computing and Its Key Technologies, Journal of Computer Applications, Vol. 29, No. 9, 256.

18.     Kun Qian (2012), The Application of Cloud Computing in Agricultural Management Information System, Hubei Agricultural

Sciences,  Vol.5, No.1,159-162.

19.  Wenshun Cui (2011), Aplicação e Perspetiva de Desenvolvimento da Computação em Nuvem na Informatização Agrícola, Engenharia Agrícola, Vol.2, No. 1,40-43.

20.  Liying Cao, Xiaoxian Zhang e Yueling Zhao (2012), Aplicação de CloudComputing no modo de integração de recursos de informação agrícola, Chinese Agricultural Mechanization,No.3, 141-144.

21.  Mao Zhang (2011), Application of Computer Technology in Modern Agriculture, Agricultural Engineering, Vol.1, No.4,262 8 .http :/cloudtweaks .com/2011/12/infographic-value-of-cloud- the-years

22.  Karuna Chandraul e Archana Singh, "An Agricultural Application Research On Cloud Computing", International Journal of Current Engineering and Technology, 2015.

23.  American Farm Bureau (2015). A voz da agricultura

24.  [American Farm Bureau]. Recuperado de

25.  http://www.fb.org/newsroom/news_article/178/

26.  American Farm Bureau (2016, novembro). Privacidade e segurança

27.  Princípios para os dados agrícolas. Extrato de http://www.fb.org/tmp/uploads/PrivacyAndSecurityPrinciplesForF

armData.pdf

28. Andrejevic, M. (2014). Big Data, Big Questions| The Big Data Divide. Revista Internacional de Comunicação, 8(0), 17.

29. Angwin, J. (2014). Dragnet Nation: A quest for privacy, security and freedom in a world of relentless surveillance [Nação da rede de arrasto: uma busca por privacidade, segurança e liberdade num mundo de vigilância implacável]. Nova Iorque: Times Books.

30. Armstrong, D. (2016). Monsanto Canadá 2016 Uso de Tecnologia

31. Guia. Extraído de

32. https://docs.google.com/viewerng/viewer ? url=http ://www. monsanto.ca/ourco...

33. Aylor, D. E., Schultes, N. P. e Shields, E. J. (2003). Um quadro aerobiológico para avaliar a polinização cruzada no milho. Agricultural and Forest Meteorology, 119(3-4), 111-129. http://doi.org/10.1016/S0168-1923(03)00159-X

34. Boyd, D. e Crawford, K. (2012). Critical Questions For Big Data: Provocações para um fenómeno cultural, tecnológico e académico. Revista Internacional de Comunicação, 15(5), 17.

35. Bratspies, R. (2003). Myths of voluntary compliance: Lessons from the StarLink Corn Fiasco (Mitos do cumprimento

voluntário: Lições do Fiasco do Milho StarLink). William & Mary Environmental Law and Policy Review, 27(3), 593.

36. Carlsson, N. O. L., Bronmark, C. e Hansson, L.-A. (2004).

37. Herbivoria invasora: O caracol da maçã dourada altera o funcionamento do ecossistema nas zonas húmidas asiáticas. Ecology, 85(6), 1575-1580.

38. http://doi.org/10.1890/03-3146

39. Climate Corp (2014a, 29 de agosto). 50 milhões de acres centrais.

40. Acedido em 26 de março de 2016, no seguinte endereço

41. https://www.climate.com/company/press-releases/over-50-milhões-de-acres-usi...

42. Climate Corp (2014b, 2 de dezembro). Licença de utilizador final

43. Acordo. Acedido em 15 de abril de 2016, no sítio Web

44. https://www.climate.com/privacy-policy/saas/

45. Cukier, K. e Mayer-Schoenberger, V. (2013). The Rise of Big Data: How it's Changing the Way We Think about the World [A ascensão do Big Data: como está a mudar a forma como

pensamos o mundo]. Foreign Affairs, 92, 28.

46.     Isabelle M. Carbonell, "Ethics Of Bigdata On Big Agriculture", Internet Policy Review, 2016.

47.     V.C.Patil, K.A.Caadi, D.P.Biradar e M. Rangasamy, "Internet of things and cloud computing for agriculture", 2016.

48.     Sheetal israni,Hashtal meharkure,Parag yelore, "Applications Of Iot Based System For Advanced Agriculture In India", Internal Journal Of Inovative Research In Computer And Communication Engineering, 2015.

49.     Anjum Mei Fangquan. "Planeta inteligente e deteção da China - análise do desenvolvimento da IOT" [J]. Informação da rede agrícola, Vol.12, pp. 5-7, 2009. 2012.

50.     Hong-ryeol Gill1GuPingli, Shang Yanlei, Chen Junliang, Deng Miaoting, Lin Bojia, "Enterprise-orientedCommunication among Multiple ESBs based on WSNotification and Cloud Queueodel",International Journal of Advancements in Computing Technology, Vol. 3, No. 7, pp. 255-263,2011.

51.     S.K. DhurandherSun Qi-Bo, Liu Jie, Li Shan, Fan Chun-Xiao, Sun Juan-Juan, "Internet ofthings: Summarize on concepts, architecture and key technology problem", Beijing YoudianDaxueXuebao/Journal of Beijing University of Posts and Telecommunications, Vol. 33, No. 3,pp.1-9, 2010, 2008.

52. Yang Guang, GengGuining, Du Jing, Liu Zhaohui, Han He, "Security threats and measures for the Internet of Things", QinghuaDaxueXuebao/Journal of Tsinghua University, Vol. 51, No. 10,pp.1335-1340, 2011.

53. AlGabriMalek,Chunlin LI, Z. Yang, NajiHasan.A.H e X.Zhang,'Improved the Energy of Ad hoc On-Demand Distance Vetor Routing Protocol', International Conference on Future Computer SupportedEducation, Published by Elsevier, IERI, pp.355-361,2012.

54. D.Shama e A.kush,'GPS Enabled EEnergy Efficient Routing for Manet', International Journal ofComputer Networks (IJCN),Vol.3, Issue 3, pp.159-166,2011.

55. Shilpajain e Sourabhjain,'Energy Efficient Maximum Lifetime Ad-Hoc Routing (EEMLAR)', international Journal of Computer Networks and Wireless Communications, Vol.2, Issue 4, pp.450455,2012.

56. Vadivel, Rand V. MuraliBhaskaran, "Energy Efficient with Secured Reliable Routing Protocol (EESRRP) for Mobile Ad-Hoiversity of Posts and Telecommunications, Vol. 33, No. 3, pp.1-9, 2010, 2008.

57. Miao tion, Qingli xia e Hao yuan, "Aplicações da computação em nuvem no sistema de informação agrícola", 2012

58.     Kiran R. Bidua, Dr. Chhaya N. Patel, "Computação em nuvem para a agricultura na Índia", 2015.

59.     Rupika Yadav, Jhalak Rathod, Vaishnavi Nair," Bigdata Meets Small Sensors In The Precision Agriculture", International Journal of Computer Applications,2015.

60.     Zhang Haihui, Zhao Chunjiang, Nu Huarui, Yang Feng, Sun Xiang, "Pesquisa de banco de dados de informações virtualizadas de agricultura baseada em computação em nuvem", 2016.

61.     Kelly Bronson e Irena Knezevic, "Big Data in Food and Agriculture", sagepub.com/journalspermission.new, 2016.

62.     Mary P.Koss, Aurelio Joss Figuerdo, Iris Bell, Melinda Tharan e Shannon Tromp, "Traumatic Memory Characteristics : A Cross Validate Mediational Model of Response To Rape Amoung Employed Women", Journal Of Abnormal Psychology, Vol. 105, No. 3,421-432, 1996.

63.     Gillian C. Mezey, "Treatment Of Rape Victims", Advances In Psychiatric Treatment, Vol. 3, Pp. 197-203, 1997

64.     Lori K. Sudderth, "It Ll Come Back At Me", Violence Against Women, Vol 4, No 5, outubro de 1998.

65.     Jillian C. Shipherd, J. Gayle Beck, "The Effects Of Suppressing Trauma-Related Thoughts On Women With Rape Related Posttraumatic Stress Disorder", Behaviour Research And

Therapy 37 (2), pp.99-112, 1999.

66.     MonicaJ.Descamps,EstherRothblum,JudithBradford,Caitlin Ryan, "Mental Health Impact of Child Sexual Abuse, Rape, Intimate Partner Violence, and Hate Crimes in the National Lesbian Health Care Survey", Journal of Gay & Lesbian Social Services - junho de 2000.

67.     Rebecca Campbell, Courtney E.Ahrens, Tracy Sefi, Sharon M.Wasco, Holly E.Barner, "Social Reactions To Rape Victims: Healing And Hurtfull Effects On Psychological And Physical Health Outcomes", Violence And Victims Vol 16, No 3, 2001.

68.     Sharon M. Wasco / "Conceptualizing The Harm Done By Rapeapplications Of Trauma Theory To Experiences Of Sexual Assault", Trauma, Violence, & Abuse, outubro de 2003.

69.     Ingrid Sochting, Nicholl Fairbrother e William J. Cock, "Sexual Assault Of Women (Prevention Efforts And Risk Factors)", Vol. 10 No. 1, pp.73-93 Doi:10.1177/107780120325568, 2004.

70.     Sarah E. Ullman / "Criminal Justice And Behaviou", Vol. 34, No. 3, pp.411-429, março de 2007.

71.     Jocelyn A. Hollander, "Why do women take self-defence classes?", *Violence Against Women* 2010 16: 459

72.     William F.Mckibbin & Todd k.Shockelford, ": Women's

Avoidance of Rape", Vol 10 No.3, 2011

73.      CorinPerillouer ,JoshuaD.Duntley,DavidM.Buss, "Cost of Rape", 2011

74.      Lorelei Simpson Rove ,ErnestN.Jouriles ,Renee Mc Donald,CoraG,platt,GabriellaS.Gomez, "Enhancing Women's Resistance to sexual coercion: A Randomized controlled Trial of the DATE program", 2012

75.      Jeffery K.Snyder ,DanielM.T.Fessler, "Reexamining Individual Differences in women's Rape Avoidance Behaviors", 2012

76.      R.SeanBannon ,MathewW.Brosi,JhonD.Foubert, "Sorority Women's and Farternity men's Rape Myth Acceptance and Bystander Intervention Attributes", 2013.

77.      Jocelyn A. Hollander, "Violência contra as mulheres", 2014.

78.      Mary Ellsbery, DianaJ.Arrango, MathewMorton, HorizaGennari, Sveinungkiplesund, ManuelContreros, Chorlotte Watts, "Violence Against Women and Girls", 2014.

79.      Claudia Garcia ,Cathyzimmerman ,Alison Morris-Gehring ,Lori

80.                    Heise ,Auni Amin

81.      NaeemahAbrahams,OswaldoMontoya,PadmaBhate-DeosthaliNdukuKilanzo,Charlotte Watts, "Violence Against

Women and Girls", 2014.

82.     Rachel K. Jeukes,MichaelG.Hood James Lang, "From work with man and boys to changes of social norms and reduction of inequalities in gender relations: Uma mudança concetual na prevenção da violência contra mulheres e raparigas", 2015

83.                         RoeAnnE.Andreson ,AmandaM.Brouwer ,Angela

84.     R.Wendrof,ShawnP.Cahill, "Womens Behavioural Response to the Threat of a Hypothetical Date Rape Stimulus: A Quantitative Analysis", 2015.

85.     Paul A. Schewe, "Date Rape Prevention among Adolescents and Young Adults", 2016.

86.     ContneyA.Franklin,Hae Rim Jin ,Lindsay M.Ashworth& Jane H.Viada, "Sexual Assault resource availability on Texas Higher Education Campus: A web Site Content Analysis", 2016.

87.     Abdur Rahim Mohammad Forkan, Ibrahim Khalil, AymanIbaida, ZahirTari "BDCaM: Big Data for Context-aware Monitoring - A Personalized Knowledge Discovery Framework for Assisted Healthcare", IEEE transactions on cloud computing , vol. x, no. x, 2015.

        A. K. Dey, "Providing architectural support for buildingcontext- aware applications", tese de doutoramento,

Georgia Institute of Technology, 2000.

88. Gabinete Australiano de Estatísticas - 4821.0.55.001 - cardiovascular

89. na Austrália: um instantâneo, 2004-05. [online].

90. Disponível: http://www.abs .gov.au/ausstats/abs@.nsf/mf/4821.0.5 5.001

91. R. Buyya, C. Yeo, S. Venugopal, J. Broberg e I. Brandic, "Cloud computing and emerging it platforms: Vision, hype,and reality for delivering computing as the 5th utility", FutureGeneration computer systems, vol. 25, n.º 6, pp. 599-616, 2009.

92. S. Sridevi, B. Sayantani, K. P. Amutha, C. M. Mohan e R. Pitchiah, "Context aware health monitoring system", inMedical Biometrics. Springer, 2010, pp. 249-257.

93. J. J. Oresko, Z. Jin, J. Cheng, S. Huang, Y. Sun, H. Duschl,

94. eA. C. Cheng, "A wearable smartphone-based platform for realtime cardiovascular disease detection via

95. electrocardiogramprocessing", IEEE Transactions on Information Technology in Biomedicine, vol. 14, no. 3, pp. 734740, 2010.

A. Pantelopoulos e N. Bourbakis, "A survey on wearable

sensor-based systems for health monitoring and prognosis", IEEE Transactions on Systems, Man, and Cybernetics, Part C: Applications and Reviews, vol. 40, no. 1, pp. 1-12, 2010.

96.     D. N. Monekosso e P. Remagnino, "Behavior analysis for assisted living", IEEE Transactions on Automation Science and Engineering, vol. 7, n.º 4, pp. 879-886, 2010.

97.     C. R. Leite, G. Sizilio, A. Neto, R. Valentim, e A. Guerreiro, "Um modelo fuzzy para processamento e monitorização de sinais vitais em pacientes internados em UCI," Bio Medical Engineering Online (Online), vol. 10,p. 68, 2011.

98.     E. Baralis, L. Cagliero, T. Cerquitelli, P. Garza, e M. Marchetti, "Cas-mine: fornecer serviços personalizados em aplicações conscientes do contexto através de regras generalizadas", Knowledge and information systems, vol. 28, n.º 2, pp. 283-310,

99      2 011.

100.    S. Pandey, W. Voorsluys, S. Niu, A. Khandoker, e R. Buyya, "An autonomic cloud environment for hosting ecg data analysis services" , Future Generation Computer Systems, vol. 28, n.º 1, pp. 147-154, 2012.

101.    H Ding, Y. Moodley, Y. Kanagasingam e M. Karunanithi, "A mobile-health system to manage chronic obstructive

pulmonary disease patients at home," in Annual InternationalConference of the IEEE Engineering in Medicine and Biology Society (EMBC),

102.    IEEE, 2012, pp. 2178-2181.

103.    G. Wu, H. Zhang, M. Qiu, Z. Ming, J. Li, e X. Qin, "Adecentralized approach for mining event correlations in distributed system monitoring" , Journal of Parallel and DistributedComputing, 2012.

A. Mukherjee, A. Pal e P. Misra, "Data analytics in ubiquitous sensor-based health information systems" (Análise de dados em sistemas de informação de saúde baseados em sensores ubíquos) , na 6.ª Conferência Internacional sobre Aplicações, Serviços e Tecnologias Móveis de Nova Geração (NGMAST), 2012. IEEE, 2012, pp. 193-198.

104.    P. Groves, B. Kayyali, D. Knott e S. Van Kuiken, "The bigdata revolution in healthcare", McKinsey & Company, 2013.

105.    S. B. Siewert (2013, julho) Big data na nuvem [Online]. Disponível: http://www.ibm.com/developerworks/library/bdbigdatacloud/bd-bigdatacloud-pdf.pdf

A. Ibaida, D. Al-Shammary, e I. Khalil, "Cloud enabled fractal based ecg compression in wireless body sensor networks,"

Future Generation Computer Systems, vol. 35, pp. 91-101, 2014.

A. Forkan, I. Khalil, e Z. Tari, "Cocamaal: A cloud-orientedcontext-aware middleware in ambient assisted living," Future Generation Computer Systems, vol. 35, pp. 114-127, 2014.

106. Mikaela Poulymenopoulou, Despina Papakonstantinou, Flora Malamateniou, Andriana Prentza e George Vassilacopoulos," A Conceptual Security Framework For Personal Health Records(Phrs)", 2013.

107. M.Poulymenopoulou e G. Vassilacopoulos, "An Electronic Patient Record Implementation Using Clinical Document Sarchitecture", 2004.

108. Mikaela Poulymenopoulou, Despina Papakonstantinou, Flora Malamateniou e George Vassilacopoulos," A Cloud-Based Semantic Wiki For User Training In Healthcare Process Management", 2010.

109. M. Poulymenopoulou, F. Malamateniou, G. Vassilacopoulos ,"

110. E-Epr: Uma arquitetura baseada na nuvem para um sistema de informação eletrónico

111. Dossier d'urgence du patient". 2011.

112. Vandana Milind Rohoale, Neeli Rashmi Prasad, Ramjee Prasad, Uma Internet das Coisas cooperativa para os cuidados dc saúde rurais e a monitorização e controlo, 2015

113. Sebastian Aced Lopez,Fulsio Corno,Luigi DE Russ, IoT Meets Caregivers: Um sistema de apoio à saúde em instalações de vida assistida, 2015

114. Thomas F. J. - M. Pasquier, Julia E. Powles, "Expressando e impondo requisitos de localização na nuvem usando o controle de fluxo de informações", 2015.

115. Xingjuan Li, "Using Mobile Phone Sensors to Detect Rapid Respiratory Rate in the Diagnosis of Pneumonia," International Journal of Engineering and Technology, Vol. 8, No. 4, April 2016 (a).

116. Hamed Rezaei, Behdad Karimi e Seyed Jamalodin Hosseini, "Effect of Cloud Computing Systems in Terms of Service Quality of Knowledge Management Systems", Lecture Notes on Software Engineering, Vol. 4, No. 1, fevereiro de 2016 (b).

117. [c]Ousama Esbel e Ng Ah Ngan Mike Christian, "Processo de verificação de hardware e software através da computação em nuvem", Lecture Notes on Software Engineering, Vol. 4, No. 2, maio de 2016 .

118. Thanh Dat Dang, "A Framework for Cloud - Based Smart

Home", apresentado em 28 de agosto de 2017.

119. Christian Biener, Martin Eling e Jan Hendrik Wirfs, "Insurability of Cyber Risk", Insurance and Finance Newsletter, Associação de Genebra, n.º 14, agosto de 2014.

120. Dattatray B. Pawar e A. S. Devare, "Services, Security Challenges and Security Policies in Cloud Computing", Revista Internacional de Investigação em Engenharia e Tecnologia, Vol. 03, Dez. 2014.

121. rent Fultz, Simon Billinge, Houman Owhadi, John Rehr e Mark Stalzer, "Conceptualization Proposal", 12 de dezembro de 2011.

122. Yi Wang, Jain Li, Lei Huang, Yao Jing, Andreas

123. Georgakopoulos e PanagIoTis Demestichas, "Architecture of 5G Mobile Communication System in Higher Frequency Band", 2020.

124. Mikaela Poulymenopoulou, Flora Malamateniou e George Vassilacopoulos, "Specifying Process Requirements For Holistic Care", [2013].

125. Mikaela Poulymenopoulou, Flora Malamateniou," An Access Control Framework For Pervasive Mobile Healthcare Systems Utilizing Cloud Services", [2012].

126. Mikaela Poulymenopoulou e George Vassilacopoulos, "A

A. Sistema de fluxo de trabalho baseado na Web para emergências

B. Cuidados de saúde", [2001].

127. Mikaela Poulymenopoulou, Flora Malamateniou e George Vassilacopoulos, "Specifying Workflow Process Requirements For An Emergency Medical Service", [2003].

128. Balamurugan Shanmugam, Visalakshi Palaniswami, Modified Partitioning Algorithm for Privacy Preservation in Microdata Publishing with Full Functional Dependencies", Australian Journal of Basic and Applied Sciences, 7(8) : pp.316-323, julho de 2013.

129. Balamurugan Shanmugam, Visalakshi Palaniswami, Santhya. R, Venkatesh. R.S., Strategies for Privacy Preserving Publishing of Functionally Dependent Sensitive Data: A State-of-the-Art Survey: Australian Journal of Basic and Applied Sciences, Vol 8. Edição 5, setembro de 2014.

130. M.T. Dlamini, M.T. Dlamini, H.S. Venter, J.H.P. Eloff e M.M. Eloff, "Security of Cloud Computing: Seeing Through the Fog", Projeto de Publicação Especial do NIST, 2011.

131. Flavio Bonomi, Rodolfo Milito, Jiang Zhu, e SateeshAddepalli," Fog Computing and Its Role in the Internet of

Things" ,2012.

132.    Kirak Hong, David Lillethun, UmakishoreRamachandran,

A.  BeateOttenwalder, Boris Koldehofe, "Mobile Fog: A

133.    Modelo de programação para aplicações em grande escala na Internet das Coisas", 2013.

134.    Ivan Stojmenovic, Sheng Wen, "The Fog Computing Paradigm: Scenarios and Security Issues", 2014.

135.    Flavio Bonomi, Rodolfo Milito, Preethi Natarajan e Jiang Zhu," Fog Computing: A Platform for Internetof Things and Analytics", Springer International Publishing Switzerland, 2014.

136.    Luis M Vaquero, Luis. Rodero-Merino, "Encontrar o seu caminho no

A.  o nevoeiro: para uma definição completa do conceito de "doença".

B.  FogComputing", 2014.

137.    Mohammad Aazam, Eui-Nam Huh, "Fog Computing and Smart Gateway BasedCommunication for Cloud of Things",2014.

138.    Mohamed Firdhous, Osman Ghazali,Suhaidi Hassan," Fog Computing: Will it be the Future of Cloud Computing?", 2014.

139.    Tom H. Luan,Longxiang Gao,Zhi Li, Yang Xiang, Guiyi Wef, e Limin Sun," Fog Computing: Focusing on Mobile Users at theEdge", 2015.

140.    Shanhe Yi, Cheng Li, Qun Li," A Survey of Fog Computing: Concepts, Applications andIssues", 2015.

141.    Mugen Peng, Membro Sénior, IEEE, Shi Yan, Kecheng Zhang, Chonggang Wang, "Fog Computing based Radio Access Networks:Issues and Challenges",2015.

142.    AlessioBotta , Walter de Donato, Valerio Persico, Antonio Pescape," Integration of Cloud computing and Internet of Things: A survey", Future Generation Computer Systems, 2016.

143.    Shi Yan, Mugen Peng, Wenbo Wang," User Access Mode Selection in Fog ComputingBased Radio Access Networks", 2016.

144.    Swati Agarwal, Shashank Yadav, Arun Kumar Yadav," An Efficient Architecture and Algorithm forResource Provisioning in Fog Computing", I.J. Information Engineering and Electronic Business,2016.

145.    Enzo Baccarelli, Nicola Cordeschi, Alessandro Mei, Massimo Panella,MohammadShojafar, e JulindaStefa, "Energy-Efficient Dynamic TrafficOffloading and Reconfiguration ofNetworked Data Centers for Big Data Stream Mobile Computing:Review, Challenges, and a Case Study",2016.

146.    Mung Chiang, "Fog Networking: An Overview on Research Opportunities", 2016.

147.    SoumyaKantiDatta, Christian Bonnet, Jerome Haerri", Fog

Computing Architecture to Enable Consumer Centric Internet of Things Services", 2016.

148.    Chung-Sheng Li1, Frederica Darema2, e Victor Chang3, "Orquestração de modelo de comportamento distribuído em solução de internet cognitiva das coisas",2016.

149.    Madiha H. Syed e Eduardo B. Fernandez, "Suporte de ecossistemas de nuvem para Internet das Coisas e desenvolvimentos usando padrões", 2016.

150.    Kenji E. Kushida,DanBreznitz,JohnZysman,Cutting Through The Fog: Understanding Thecompetitive Dynamics In Cloud Computing",2016.

Printed by Books on Demand GmbH, Norderstedt / Germany